聖地巡礼ガイド

イエス・キリストの足跡をたどる

髙久 充　著

故アンジェロ春山勝美神父様（OFM）にささげる。

はじめに

宗教を問わず、古くから人々は巡礼を行ってきた。日本でも、空海ゆかりの四国八十八箇所巡礼、伊勢参り、鎌倉時代に始まるとされる坂東三十三箇所など、いくつもの巡礼が行われてきた。ユダヤ教においては、「年に三度、男子はすべて、主なる神の御前に出ねばならない」(出エジプト23:17)として、年に三度、すなわち過越祭、七週祭、仮庵祭にエルサレムに集まる習慣があった。西方キリスト教世界では、中世以来、エルサレム、ローマ、サンティアゴ・デ・コンポステーラが三大巡礼地として人々の信仰を集めた。イスラームではハッジ(メッカ巡礼)はムスリムの義務の一つとされている。

エルサレムは、ユダヤ教ではソロモン王の神殿跡の西側の壁、キリスト教ではキリストの死と復活の場である聖墳墓教会、イスラームでは預言者ムハンマドの昇天の場である岩のドームを抱え、三大宗教の聖地となっている。したがって、宗教の異なるさまざまな巡礼を受け入れてきた。このことは、政治状況を複雑にする原因ともなっているが、エルサレムの豊かさの源でもある。

キリスト教では、新旧約聖書に登場するイスラエルを中心とした地域を「聖地」と呼ぶ。イエスが生き、歩き、活動してきた地である。なお、フランシスコ会聖地管区の聖地管理権はイスラエル、パレスティナ自治区だけでなく、ヨルダン、エジプトにも及ぶ。

キリスト教徒で最初にエルサレム巡礼を行ったのは3世紀前半のカッパドキアのアレクサンドロスとされる(カエサレアのエウセビオス『教会史』第6巻11:2)。313年にいわゆるミラノ勅令でキリスト教が公認されると、キリスト教の巡礼が多く聖地を訪れるようになった。

キリスト教を公認したコンスタンティヌス帝の母ヘレナは326年頃エルサレムを訪れ、失われていたキリストの磔刑(たっけい)の十字架を再発見したとされる。333年にはフランスのボルドーからの巡礼が聖地を旅行し、その旅行記も残っている。聖墳墓教会の地下の岩屋に落書きを残した巡礼（326-335年の間？）は大西洋岸、おそらくイベリア半島かフランスあたりの出身であった。スペインまたはフランスのアキテーヌ地方出身とされる修道女エゲリアは、381-384年に、エルサレムだけでなく、ヨルダン地方やシナイ半島まで旅行し、詳細な巡礼記を残している。歴史の流れの間では何度か中断されたこともあったが、4世紀から現代に至るまで、多くの巡礼が聖地を訪れてきた。

2000年の歴史の間には、集団的記憶が断絶して、正しい聖所（せいじょ）の場所が分からなくなり、新しい伝承によって聖所がいくつも生まれてしまったところもある。その場合でも、聖書の情景を思い起こすためには有効であると思うし、誤解を恐れずいえば、人々の祈り、人々の信仰によって、ある意味その場は聖なる場所になると思う。

本書においては、キリスト教の巡礼にとどまらず、歴史的・文化的な世俗の巡礼、特に考古学遺跡も扱っていきたい。この地域は、大国の間に挟まれ、常に大国に翻弄されてきたが、文化の混交による豊かな遺産があるからである。

2000-01年頃の第二次インティファーダ（抵抗運動）のイメージからか、イスラエル周辺は危険というイメージがどうしてもついてしまっている。2006年にはレバノン侵攻とそれにともなうミサイルの着弾もあったが、エルサレムやテル・アヴィヴ周辺には特に影響はなかった。ガザ地区周辺や、ヨルダン川西岸地区でもサマリア周辺などは特に注意する必要がある地域もあるが、一般的に訪れるような場所ではそれほど危険なこともない。

イスラエル国内では、エゲド・バスがエルサレム（新市街の新バスセンター発着）やテル・アヴィヴを中心に多くの路線網を持っており、非常に便利である。シェルートという乗り合いタクシーも主要都市間を結んでいる。

鉄道は、地中海沿岸にあるオスマン・トルコ時代に敷設されたヒジャーズ鉄道（メッカ巡礼鉄道）支線を起源とする路線があり、アッコンやハイファからテル・アヴィヴまでの区間やテル・アヴィヴの近郊路線などはとても便利である。テル・アヴィヴ－ベン・グリオン空港－エルサレム間の高速鉄道も 2018 年にベングリオン空港－エルサレム、イツハク・ナヴォン間が開通した。

ヨルダン川西岸地区に関しては、アラブ・バス、セルヴィス（乗り合いタクシー）、あるいはタクシーを使うしかない。公共交通機関は利便性にはどうしても欠ける上に、アラビア語とヘブライ語しか表記がない場合も多い。

聖地やイスラエルに関する日本語のガイドブックはそれほど多くないし、巡礼や遺跡巡りをするのに役立つ本も日本ではあまり出版されていないと思う。本書が聖所の巡礼と世俗の旅人の道しるべになることを願ってやまない。

旧約および新約聖書に関連する場所では、聖書との関連性が分かるように、聖書の一節を引用してみた。引用は新共同訳聖書を用いているが、一部の固有名詞などは本書で用いられるものと若干違う場合もあることを断っておく。

目　次

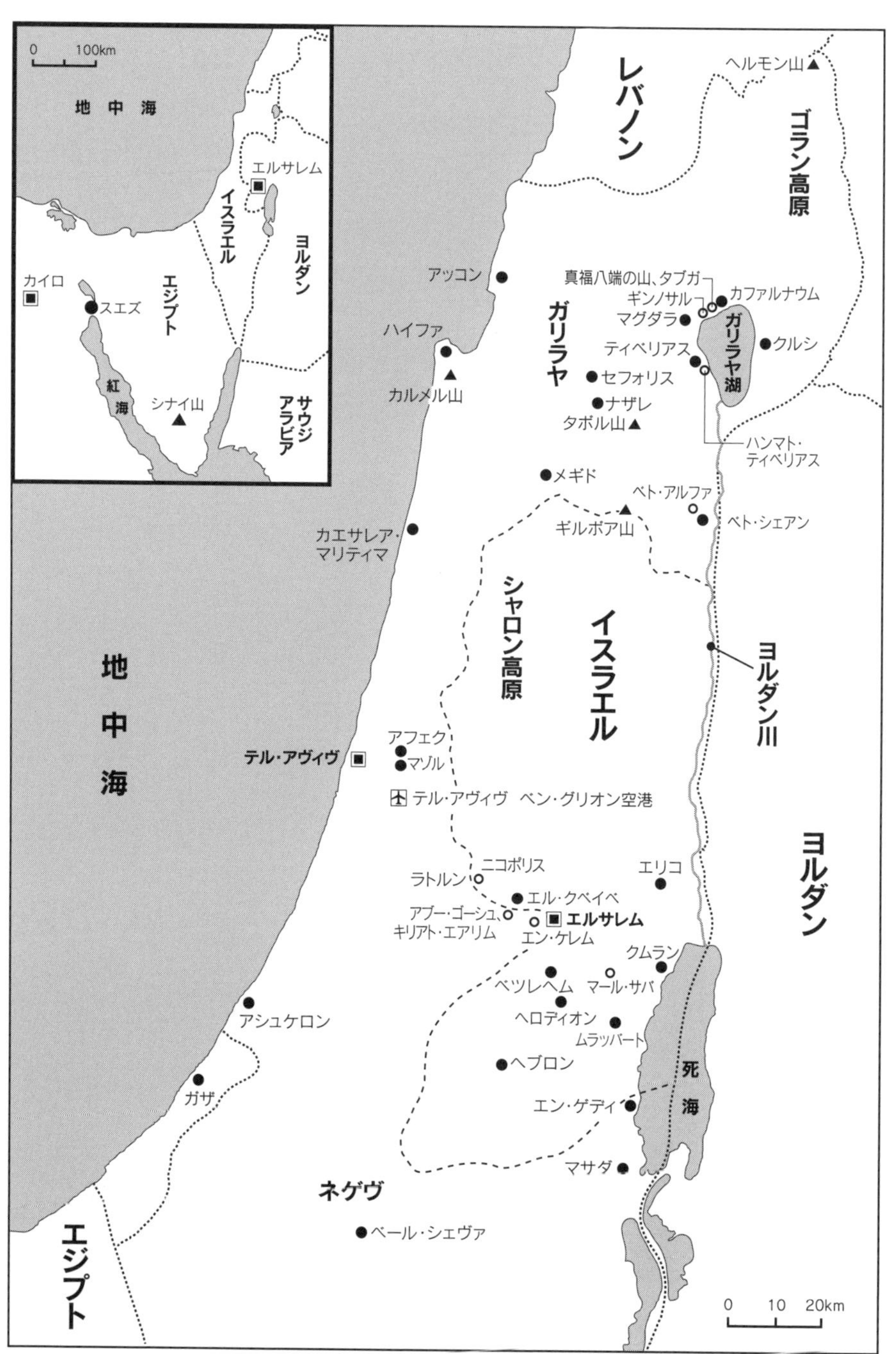
0
100km
地中海
エルサレム
イスラエル
ヨルダン
カイロ
スエズ
エジプト
紅海
シナイ山
サウジアラビア
レバノン
ヘルモン山
ゴラン高原
アッコン
真福八端の山、タブガ
ギンノサル
カファルナウム
マグダラ
ガリラヤ
ガリラヤ湖
ハイファ
ティベリアス
クルシ
セフォリス
カルメル山
ナザレ
タボル山
ハンマト・ティベリアス
メギド
ベト・アルファ
ギルボア山
ベト・シェアン
カエサレア・マリティマ
シャロン高原
イスラエル
ヨルダン川
地中海
アフェク
テル・アヴィヴ
マゾル
テル・アヴィヴ　ベン・グリオン空港
ヨルダン
ニコポリス
ラトルン
エリコ
エル・クベイベ
アブー・ゴーシュ、キリアト・エアリム
エルサレム
エン・ケレム
クムラン
ベツレヘム
マール・サバ
アシュケロン
ヘロディオン
ムラッバート
ヘブロン
死海
ガザ
エン・ゲディ
マサダ
ネゲヴ
ベール・シェヴァ
エジプト
0
10
20km

1. イスラエル全域

2. エルサレム旧市街

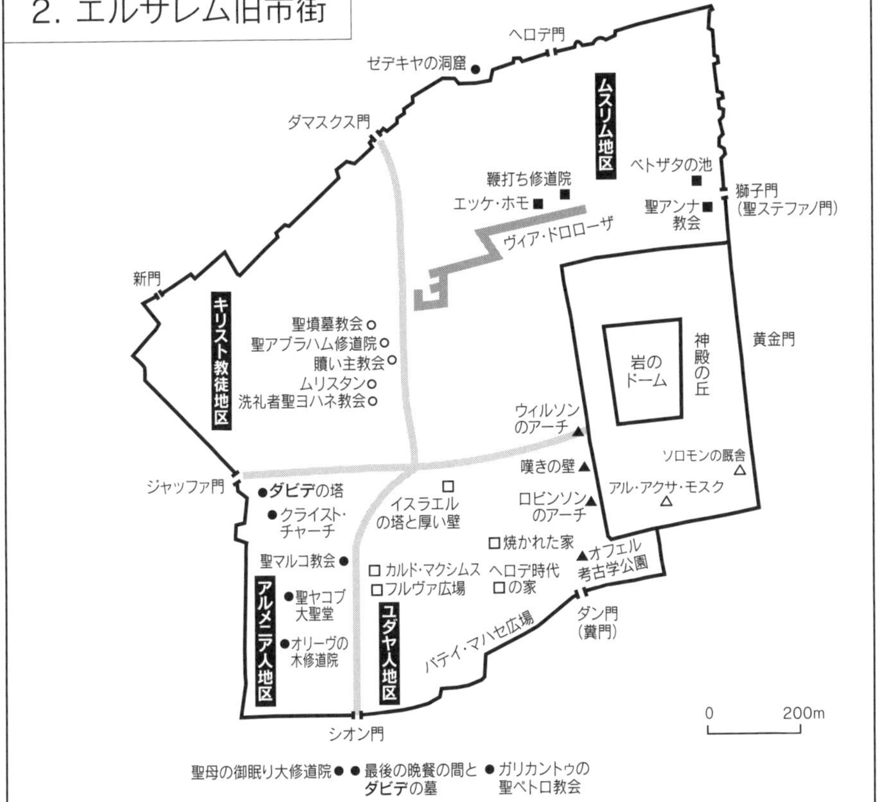

ヘロデ門
ゼデキヤの洞窟
ダマスクス門
ムスリム地区
ベトザタの池
鞭打ち修道院
エッケ・ホモ
聖アンナ教会
獅子門
(聖ステファノ門)
ヴィア・ドロローザ
新門
キリスト教徒地区
聖墳墓教会
聖アブラハム修道院
贖い主教会
ムリスタン
洗礼者聖ヨハネ教会
岩のドーム
神殿の丘
黄金門
ウィルソンのアーチ
嘆きの壁
ソロモンの厩舎
アル・アクサ・モスク
ジャッファ門
ダビデの塔
クライスト・チャーチ
イスラエルの塔と厚い壁
ロビンソンのアーチ
焼かれた家
聖マルコ教会
オフェル考古学公園
カルド・マクシムス
フルヴァ広場
ヘロデ時代の家
アルメニア人地区
聖ヤコブ大聖堂
オリーヴの木修道院
ユダヤ人地区
バティ・マハセ広場
ダン門
(糞門)
シオン門
0
200m
聖母の御眠り大修道院
最後の晩餐の間とダビデの墓
ガリカントゥの聖ペトロ教会

3. エルサレム新市街 北・西側

聖ステファノ教会
ロックフェラー博物館
庭園の墓
ゲッセマネ
マミラの貯水池
ベトファゲ
旧市街
オリーヴ山
聖書の地博物館
教皇庁立聖書学研究所
イスラエル博物館
ヤソンの墓
ベタニア
聖十字架修道院
ダビデの町
キドロンの谷
スルタンの貯水池
シオンの丘
ヒンノムの谷
0
500m

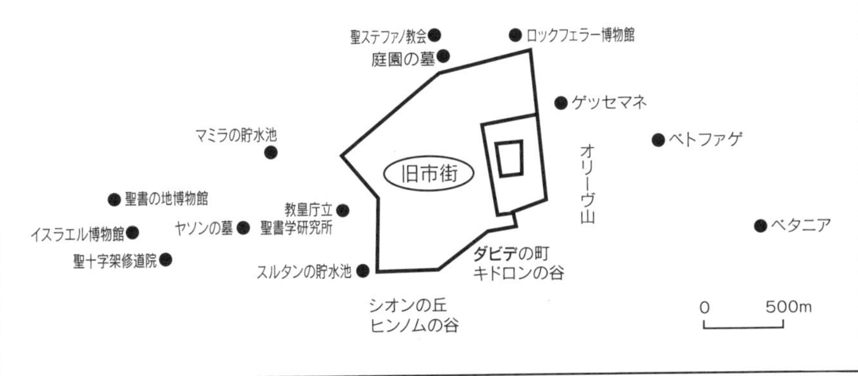

第　I　部

エルサレム

1. キリスト教地区 *Christian Quarter*

キリスト教地区はエルサレム旧市街の北西部分を占める。聖墳墓教会が中心にあり、各宗派のキリスト教の教会や修道院が並んでいる。

聖墳墓教会 *Holy Sepulchre*

そのとき、神殿の垂れ幕が上から下まで真っ二つに裂け、地震が起こり、岩が裂け、墓が開いて、眠りについていた多くの聖なる者たちの体が生き返った（マタイ 27:51－52）。

聖墳墓教会はキリスト教巡礼のみならず、エルサレム観光でも最も重要な場所であると言って間違いないだろう。この教会には、世界中から宗派を問わずキリスト教の巡礼が集まるだけでなく、ユダヤ人やイスラーム教徒でさえ観光に訪れる。この聖なる場所は、キリストの磔刑という屈辱の死の場所であるカルヴァリオ（ゴルゴタ）と、キリストの空の墓、すなわちキリストの栄光のうちの復活を記念している。

聖墳墓教会の入り口。右上の窓の下にははしごが取り残されている。

イエスの死と復活は新約聖書の福音書のクライマックスである。マタイによる福音書（以下マタイ）では 27:31－28:15、マルコによる福音書（以下マルコ）では15:20－16:8、ルカによる福音書（以下ルカ）では23:26－24:12、ヨハネによる福音書（以下ヨハネ）19:17－20:8に描写されている。

ローマ皇帝ティベリウスの治世、ユダヤ総督ポンティウス・ピラトゥス（ポンティオ・ピラト）の時代の紀元30年、ナザレのイエスはカルヴァリオで十字架につけられて死んだ。議員のアリマタヤ出身のヨセフはピラトの元を訪れてイエスの遺体を引き取り、ニコデモと共に香料を添えて亜麻布で包み、誰も埋葬されたことのない新しい墓にイエスを埋葬した。安息日が明けて3日目の朝に婦人たちが墓を訪れると、その墓は空であった。イエスは復活したからである。

キリストはその40日後に昇天する。さらに10日後の聖霊降臨祭（ペンテコステ）には、弟子である使徒たちのもとに聖霊が降り、この後弟子たちは世界各地に、「地の果てに至るまで」（使徒言行録1:8）、師の教えを述べ伝えることになる。

イエスの生きた時代から、コンスタンティヌス大帝によって313年にキリスト教が公認されるまでの間に、300年弱ほどたっている。その間に、ユダヤ地方の政治状況は大きく変わった。66－74年の第一次ユダヤ戦争では、ローマ軍はユダヤ人たちの反乱を鎮圧した。戦争中の70年にエルサレムは陥落し、神殿も炎上している（その時の様子は、フラウィウス・ヨセフスの『ユダヤ戦記』や、ローマのフォーロ・ロマーノにあるティトゥス帝の凱旋門の浮き彫りに見られる）。

132－135年の第二次ユダヤ戦争（バール・コクバの反乱）後、エルサレムはアエリア・カピトリナと改称され、ローマ都市となった。戦争時にユダヤ地方の村々は焼かれ、多くの人が殺されたり、追放されたりした。第二次ユダヤ戦争後は、皇帝ハドリアヌスによってカルヴァリオのあった場所にもウェヌス神殿、少し離れてカピトリウム神殿（ユピテル、ユノ、ミネルウァ）が建てられてしまう。キリスト教徒たちはこれらのユダヤ戦争にはほとんど関わっていなかったものの、こうした混乱の下、聖なる場所に関する多くの記憶が途切れた。

エルサレムはコンスタンティヌス1世大帝以降、聖地として再興される。一部の聖所は場所が分からなくなっていたので、それらしい場所を選んで復興しているところもあるが、聖墳墓教会に関しては、現在の場所がそうである可能性が高い。

キリストの磔刑の時代には市壁外で、石灰岩でできた岩山にあった。この場所は41－43年に外側の市壁が設けられた際に市壁内に組み込まれたほか、16世紀に建設された現在の市壁ではかなり内側にあるのにだまされてはいけない。

エルサレムのキリスト教共同体は66年のユダヤ戦争勃発前までキリストの墓の場所を記念して祭儀を行っていたが、このキリスト教共同体の伝統では（250年近く当時の記憶を保っていたとするなら）この場所が墓の場所だった。コンスタンティヌスが聖墳墓教会を建てた時、すぐそばにあったハドリアヌスの公共広場（空き地ではないが、建物は建てられていない）をつぶして建てるのではなく、わざわざウェヌス神殿を壊して更地にした上で教会を建てていることから、皇帝はこの場所が墓の場所であると強固に信じていたものと思われる。

コンスタンティヌスは326年に教会の建設を始めた。教会は335年に完成し、献堂された。当時の教会は、現在の教会とはかなり様相が違う。今よりはるかに規模が大きかった。

ハドリアヌス帝以降、エルサレムの南北をカルドという大通りが走っていた。現在、ダマスクス門から南南西に延びる、スーク（市場）の並ぶ通りである（スーク・ハン・アル・ゼイト（Suq Khan al Zeit）通りとその続き）。現在の通りは狭いが、当時のカルドは広かった。現在の聖墳墓教会は、当時のカルドからは少し距離があるのだが、コンスタンティヌスの教会はこのカルドにまで達していた。

カルドから階段を上がると教会の前庭があった。四面をポルティコ（屋根付き回廊）に囲まれていた。中心には噴水もあったかもしれない。前庭の先には五身廊（五つの廊を持つ）のバシリカ（教会堂）があった。さらに奥には中庭があり、最深部にはロトゥンダと呼ばれる円形の建物があった。

ロトゥンダはアナスタシス、すなわちキリストの復活を記念する空の墓の周りに建てられている。アナスタシスは当初から不規則な八角形をしていた（八角形は円に近く、完全に近いものと見なされていた）。この八角形の墓の前には、前室も設けられていたと推測されている。ロトゥンダの完成は教会自体の献堂より遅れ、384年以前に完成した。

614年にサーサン朝ペルシアのホスロー2世が侵入し、聖墳墓教会にも火がつけられた。エルサレム総主教モデストスが教会を再建したが、コンスタンティヌスの教会の構造を特に変えることはなかった。

638年、二代目正統カリフのウマルがエルサレムを占領した。ウマルは預言者ムハンマドの親族で、イスラーム初期の有能な指導者であった。ウマルは聖墳墓教会をキリスト教徒の教会としてそのまま残した（なお、イスラームにおいてもイエス［イーサー］は預言者として認められており、その母マリア［マルヤム］にも一定の地位が与えられている）。

ウマルによるエルサレム占領以降も、人頭税の支払いを条件に、キリスト教信仰は許されていた。正統カリフ支配終了後も、エルサレムはウマイヤ朝（661－750年）、アッバース朝（750－974年）、ファーティマ朝（975－1071年）と、歴代のイスラーム王朝の支配を受けた。それでも、時には細々とではあったが、巡礼が尽きることはなかった。

1009年、ファーティマ朝のカリフであるハキムが聖墳墓教会の建物を破壊した。宗教的不寛容の始まりである。ハキムの死後、キリスト教徒やユダヤ教徒などに対する迫害は止んだ。しかし、貧しいエルサレムのキリスト教共同体には教会堂を再建する資金はなかった。

1042－48年、ビザンツ（東ローマ）皇帝コンスタンティヌス9世モノマクス（「孤独な戦士」）は聖墳墓教会を再建した。ただし、コンスタンティヌス1世時代と比べて、ずっと小さな形である。4世紀教会の前庭とバシリカは再建されなかった。ロトゥンダ部分に教会が再建され、元の中庭は前庭となった。

コンスタンティヌス・モノマクスの再建の後、エルサレムに巡礼が戻ってきた。しかし、トルコ系のイスラーム王朝であるセルジューク・トルコがこの地方を占領する（1071－99年）と、状況は一転した。再び不寛容が訪れ、キリスト教巡礼がエルサレムに行くことが許されなくなった。

1095年、クリュニー修道会出身の教皇ウルバヌス2世は、フランスのクレルモン・フェランで教会会議を開き、エルサレム奪還を呼びかけた。掛け声は、「神は望んでおられる（Deus vult）」であった。十字軍が結成され、その結果エルサレムを陥落させることに成功し、1099年7月15日入市する。

十字軍はコンスタンティヌス・モノマクスのロトゥンダを活かしつつ、教会を再建する。1114年に聖堂参事会員のための修道院がかつてのバシリカの位置に建てられ、ハドリアヌス帝時代の石切り場跡に聖ヘレナのクリプタ（地下聖堂）も設けられた。1131年以降、4世紀教会の中庭、つまりコンスタンティヌス9世の前庭の場所にロマネスク教会の建設が始まり、1149年に完成し献堂された。1170年には鐘塔も加えられた。

現在の聖墳墓教会は、11世紀のコンスタンティヌス・モノマクスのロトゥンダと12世紀の十字軍教会を基本形としている。その後付け加えられた部分もあるし、1808年の火災、1927年の地震の後大きく修復されてもいる。

教会の管理はカトリックのフランシスコ会、ギリシア正教会、アルメニア正教会が共同で行う。シリア正教会、コプト正教会、エティオピア正教会も典礼の権利を持っている。

フランシスコ会がカトリックの代表となっているのには歴史的経緯がある。フランシスコ会は十字軍撤退後も聖地に残った。その後、何度か聖地を撤収することもあったが、1333年に最終的に聖地に戻り、その後、聖地を離れたことはない。1342年に聖地管理者となり、その後はカトリックの聖地管理権を一手に引き受けることとなった。

聖墳墓教会の管理に関しては、オスマン・トルコ帝国時代の1852年2月に結ばれたスタートゥス・クォ（「そのままの状態で（Status quo）」、正しい形は「スタートゥ・クォ（Statu quo）」だが、この形で用いられる）の規則が、聖墳墓教会、ゲッセマネのマリアの墓、ベツレヘムの御降誕教会で、現在でも適用される。例えば、聖墳墓教会の入り口の右上（右側のアーチ前）にあるはしごは、1852年以前に何らかの理由でアルメニア教会が立てかけておいたものだが、スタートゥス・クォにないという理由で、それ以降外せないでいる。

フランシスコ会、ギリシア正教会、アルメニア正教会の合意があれば、変更ができないわけではない。例えば、1959年以降、この三つの管理者が教会の修復を行うことに合意している。

とはいえ、スタートゥス・クォに反している、反していないで時には教会内で騒乱が起こってしまうことがある。2004年のギリシア教会の聖十字架挙栄祭（カトリックの聖十字架称賛にあたる）の日、フランシスコ会の礼拝堂の扉が開いていたとして、両者の間に騒動が持ち上がり、けが人や逮捕者が出た。2008年にも、ギリシア教会とアルメニア教会で乱闘が起こり、またもけが人や逮捕者を出した。この時はニュースや動画サイトを通して世界中に乱闘の映像が流れた。2011年の年末にも、スタートゥス・クォがらみで聖墳墓教会およびベツレヘムの御降誕教会で騒動が起こった。とても残念なことである。

教会の鍵は、実はムスリムの家系が持っている。1187年にエルサレムを十字軍の手から奪ったアイユーブ朝（1169－1250年）のサラディンは、1191年にヌセイベ家に聖墳墓教会の鍵の管理を任せたという（ヌセイベ家は十字軍以前、7世紀のウマル時代から鍵を任されていたともされる）。オスマン・トルコ時代にもう一つのアル・ゴダヤ（ジョウデ）家も管理に関わることになった。ヌセイベ家が鍵の開け閉めをし、夜の間アル・ゴダヤ家が鍵を管理している。

聖墳墓教会へは、巡礼土産の店が並ぶクリスティアン・クォーター（Christian Quarter）通りかムリスタン（Muristan）通り、あるいはヴィア・ドロローザを通る場合は後述するエティオピア修道院を抜けてからアクセスする。慣れないうちは迷路のように思えるかもしれない。教会へは、側面ファサード（ファサードとは建物の正面のことであるが、外観として重要な場合、側面または背面もファサードと呼ぶ）から入る。現在唯一の出入り口である。

側面ファサードは十字軍のロマネスク様式である。右上に、先ほど言及したはしごが残されている。右側の階段の上にあるのはフランク人の礼拝堂で、十字軍によって建設された（礼拝堂は閉鎖されている）。左側に並ぶ礼拝堂はコンスタンティヌス9世による11世紀建築である。左上の鐘塔は1170年のものだが、上の部分は1719年に壊された。

教会に入るとすぐに、イエスの遺体を安置して香油をかけたとされる石が置かれている。石に触れると、香油の良い香りがする。この石は、17世紀に置かれていたものとは寸法が合わず、1808年に修復された時に置かれたものらしい。この石の後方には、ギリシア正教会によって設置された壁と現代のモザイク（『イエスの埋葬』）もある。1808年の火災の後に設けられた壁である。

最初に右側の階段から、カルヴァリオに上ってみよう。狭い階段が二つあり、儀式の途中などでは一方通行になることもある。

カルヴァリオは左右二つに分かれている。左側は磔刑の場所であり、ギリシア正教会が管理している。右側は降架の場所であり、フランシスコ会が管理している。

ギリシアのカルヴァリオの祭壇の下に穴が開いており、この場所は十字架が建てられた場所とされている。巡礼が宗教的な土産物を中に入れて祝福する。後ろにはカルヴァリオの岩が見える。

磔刑の礼拝堂（ギリシアのカルヴァリオ）

降架の礼拝堂（ラテンのカルヴァリオ）

「キリスト昇天」モザイク。十字軍時代、降架の礼拝堂

ラテン（カトリック）のカルヴァリオのモザイク（降ろされた十字架のそばに聖母マリアが立ち、福音記者聖ヨハネが嘆いている）は現代のものだが、天井の『主の昇天』は12世紀のものである。青銅製の祭壇は1588年にフェルディナンド・デ・メディチ枢機卿が奉納したもので、六つの丸薬からなるメディチ家の紋章が見える。

カルヴァリオから下りて、時計回りに左手に行こう。この教会で最も重要な場所、イエスの復活を示すアナスタシス、空の墓である。このアナスタシスを囲む部分がロトゥンダで、外側の壁は4世紀だが、円柱や柱は11世紀の再建時のものである。現在のアナスタシスは1808年の火災の後に再建されたもので、四代目である。不規則な八角形をしていて、内部は前後二つに分かれている。奥の墓の部分の入り口は狭い。大理石の墓のある場所には、一度に数人しか入れない。人のいない時ならば少し長くいられるが、人が多ければすぐに出なければいけない。

ギリシア正教は午前0時半から2時半、アルメニア教会は2時半から4時半、カトリックは4時半から7時半までの間、典礼・ミサを行う。教会内では夏時間は関係ないので、夏はこれより1時間遅れる。日中も儀式が行われることがあるが、すべてスタートゥス・クォで決まっている。

アナスタシスの入り口

カトリコンから見える聖墳墓教会ドームのモザイク

アナスタシスの手前側、現在の教会の中心部分はカトリコンと呼ばれ、ギリシア正教会が管理している。天井にはキリスト・パントクラトル（全能のキリスト）が描かれている。カトリコンの壁で分かりにくくなっているが、十字軍が建設した12世紀教会は廊を五つ備える五身廊教会であった。

アナスタシスの後ろ側にはコプト教会の礼拝堂も設けられている。その奥に向かうと、そこはシリア教会の礼拝堂である。シリア礼拝堂から左側に行くと、壁に二つの穴が見える。これは1世紀の墓で、アリマタヤのヨセフとニコデモの墓とも言われるが、確証は全くない。

マグダラの聖マリア礼拝堂

アナスタシスの右奥側はフランシスコ会の管理区域である。告解をすることもできる。扉の向こうはマグダラの聖マリア礼拝堂で、奥にはフランシスコ会が聖務日課を行う共唱席もある。マグダラのマリア礼拝堂に隣接して、聖具室もある。

右側廊にはさまざまな時代（写真ではコンスタンティヌス9世モノマクスや十字軍時代）の建築要素が混じっている。

時計回りに進む。教会の右側廊にあたる部分では、11世紀の列柱廊の円柱と12世紀の柱、4世紀の壁が見られる。廊の突き当たり（左側廊手前側）には、キリストの牢獄と呼ばれる礼拝堂がある。入り口には、地面に二つの穴があいていて、この場所にイエスは囚われていたという伝説がある。この建物はコンスタンティヌス1世時代のもので、実際にはキリストの牢獄ではない。むしろ神キリストに対する人間イエスという象徴の場である。礼拝堂内の「涙の聖母」は30年ほど前に奇跡を起こしたと言われている。

教会の手前側の部分には、中世の修道院の入り口があるが、現在は閉じられている。いくつか祭壇があり、そのうちの一つは聖ロンギヌス（キリストの脇腹に槍を刺したローマの百人隊長だが、後にキリスト教に改宗して殉教したという伝説がある）の祭壇である。

地下聖堂に向かう階段の壁面には、十字軍兵士たちによって壁一面十字架が刻まれている。

聖堂を一回りするのを一旦やめて、十字軍が設けたクリプタ（地下聖堂）に下りてみよう。壁の十字は12世紀に十字軍兵士たちが刻んだものである。

最初にあらわれる聖ヘレナの礼拝堂はアルメニア教会の管理の場所で、建築は十字軍時代だが、左右の壁はコンスタンティヌス1世時代のバシリカの基礎を再利用している。

礼拝堂内には、モザイクが床にある。オリジナルはダマスクス門外側のアルメニア修道院（一般公開していない）にあり、ここのモザイクは4世紀モザイクの現代の複製である。右上が使徒タダイ、左上が使徒バルトロマイで、中央上がアルメニアを象徴する大聖堂。中段の三つと、右下左下は4世紀に大きな勢力を誇った五つの教会。下中央がアララト山。周りは中央上の聖堂と形の似たノアの箱舟、周りにつがいの動物たちである。ノアの箱舟が到着したとされるアララト山は、現在トルコ共和国領だが、かつてはアルメニア領で、アルメニア人の信仰のよりどころとなっている。

周辺にはいくつか絵が飾られているが、アルメニアの聖グレゴリオスの影響を受けてコンスタンティヌスよりも早く305年にキリスト教を受容し、アルメニアを最初のキリスト教王国としたティリダテス3世に関する絵や、7世紀にペルシアのホスロー2世によって聖十字架が奪われたのを取り返した様子などが描かれている。

通常公開していないが、この礼拝堂の後ろ側に4世紀前半の巡礼による落書きが残っている。それはコンスタンティヌスの教会がまだ建設中

地下聖堂にあるアルメニア・モザイクの複製

(326－335年）の頃だったらしい。この場所はハドリアヌス時代の石切り場跡で、巡礼はここに寝泊まりしていたようだ。

4世紀前半の巡礼による落書き

船が描かれている。これは当時の大西洋で用いられていたタイプだそうだ。マストが倒れているのは、船が難破したことを暗示している。下に「Domine ivimus（主よ、私はやってきました)」と書かれている。これは詩編122:1の「In domum Domini ibimus（主の家に行こう)」から来ていると思われるが、詩編では未来形であるのに対し、落書きでは完了形が用いられている。主の家とも言うべきエルサレムの聖墳墓に来た巡礼が感極まって書いたのだろう。

階段はさらに続き、その下には聖十字架の礼拝堂がある。この場所で聖ヘレナが聖十字架を発見したとされている。

階段を上がり、上の教会へ戻ろう。すぐ左にある礼拝堂には、円柱が置かれている。イエスが紫または赤の服を着せられてローマの兵士たちに侮辱された時につながれていたという円柱である（マタイ27:27－31、マルコ15:16－20、ヨハネ19:2－5)。

ギリシアのカルヴァリオ礼拝堂の下のスペースはアダムの礼拝堂である。最初の人で、人間が原罪を背負う原因となったアダムと、第二のアダム、人間を罪から贖うために自らを犠牲（いけにえ）としてささげたキリストが強く対比されている。アダムの礼拝堂からも、カルヴァリオの岩が見える。

アダム礼拝堂の教会入り口側には、かつてゴドフロワ・ドゥ・ブーイヨン（第一回十字軍の指導者の一人で、初代聖墳墓管理者）とボードゥアン（ゴドフロワの弟で、初代エルサレム王）の墓があったが、1809年、ギリシア正教側によって取り去られた。これで教会を一巡したことになる。

教会は、冬期（10月から3月）は4時から19時まで、夏期（4月から9月）は5時から21時まで開いている。夜中に残ることもできるが、何があっても朝まで外に出ることはできない（トイレは教会右側廊の外側にある）。土曜の夜のみ、ギリシア教会の儀式のため、一旦閉めた教会が真夜中（23時頃）に開く。

カトリックのミサはアナスタシスおよびラテンのカルヴァリオで夏期は週日が5時半から7時半まで30分ごと、祝日の前日は18時、主日が5時半から6時半まで30分ごとと18時、冬期は週日が4時半から6時半まで30分ごとと17時、祝日の前日は17時、主日が4時半から5時半まで30分ごとと17時に行われる。その他の時間帯は、巡礼団によるミサがマグダラの聖マリア礼拝堂で行われることがある。

毎日夏期は17時、冬期は16時に聖堂内で歌いながら宗教行列（フランシスコ会）が行われる。これは後述するヴィア・ドロローザの聖堂内版である。

聖アブラハム修道院と聖墳墓教会の回廊跡
St. Abraham's Monastery

聖墳墓教会の側面ファサード右側にある建物はエティオピア正教会の聖アブラハム修道院である。4世紀教会のバシリカがあった場所に建てられている。

内部の通路は狭い。一方通行ではないのだが、ヴィア・ドロローザの一部となっているため、聖墳墓教会側から入った場合、なかなか通り抜けることができないこともある。エティオピア修道院を抜けると、十字軍が建設した中世の回廊跡に出る。この場所も旧バシ

エティオピア正教会の聖アブラハム修道院

十字軍の回廊跡

リカ跡である。現在は中庭になっている回廊跡を抜けると、旧カルドのスーク・ハン・アル・ゼイト通りに抜けることができる。

聖墳墓教会外側の十字軍時代の扉跡　*Crusader Gate*

　クリスティアン・クォーター通り沿いに十字軍時代の扉が残されている。聖墳墓教会の後陣（聖堂の奥の部分）外側にあたる。12 世紀のもので、現在は閉じられている。

聖墳墓教会の十字軍時代の扉跡

ロシア宣教団の聖墳墓教会遺構　*Russian Mission in Exile*

　聖墳墓教会前を走る聖ヘレナ（St. Helen）通りの続きで、スーク・エド・ダバガ（Suq ed-Dabbagha）通り（スーク・ハン・アル・ゼイト通りへの合流付近）にロシア教会の聖アレクサンドル・ニエフスキー教会がある。

教会に隣接してロシア宣教団の建物がある。19世紀後半に建てられたものである。

建物内にはコンスタンティヌス時代の聖墳墓教会の前庭の遺構が残っている。2世紀のハドリアヌス帝の公共広場のアーチや列柱廊、カピトリウム神殿の壁などの遺構もある。皇帝コンスタンティヌス・モノマクス時代のアーチの遺構もわずかながら残っている。遺跡は、通常日曜以外の午前と午後に公開している。

コンスタンティヌス9世モノマクス時代のアーチ

 贖い主教会 *Redeemer*

贖い主教会は聖墳墓教会のそば、ムリスタン通り沿いにある。現在の教会は1898年に建てられたルター派教会だが、起源は十字軍より古い。1070年頃に南イタリアのアマルフィ出身の商人たちが建てたサンタ・マリア・ラティーナ（Santa Maria Latina）（ラテン人の聖マリア教会）というラテン教会であった。十字軍時代には聖ヨハネ騎士団が持っていた。

教会の北側（左側）にはかつての教会の側面ファサードが残っており、十字軍時代の12の月の浮き彫りを見ることができる。元ベネディクト会修道院で、かつてはこちらがメインの出入り口であった。西側（正面側）

十字軍時代の12の月の浮き彫り
北側（左側）正面

教会の内部

のファサードは十字軍撤退後モスクに転用された後のもので、13 世紀初めに建設された。19 世紀の鐘塔があり、上ることもできる。聖墳墓教会の眺めも良い。

教会は三つの廊を持ち、ルター派教会らしく簡素である。鐘塔へは教会内から行くことができる。

教会の右側にはルター派の巡礼宿がある。中には聖ヨハネ騎士団時代の巡礼宿が残っている。二層になっている中庭がある。多くの部分はイスラーム法学校に変えられた 13－14 世紀の改築部分だが、上の階に十字軍時代の大食堂と聖ヨハネ礼拝堂が残っている。

建物の地下には 1 世紀の石切り場跡や 2 世紀のハドリアヌスの公共広場の遺構がある。これは通常は公開していないが、前もって予約すれば訪問することも可能だという。

教会は無料で、鐘塔および聖ヨハネ騎士団の巡礼宿は通常日曜以外の午前と午後に公開している。

十字軍時代の大食堂

中　庭

 ムリスタン *Muristan*

ムリスタンは贖い主教会前にある。かつてここにはラテン人のための巡礼宿があった。870 年の修道士ベルナルドゥスの巡礼記にも登場する。巡礼宿は 1009 年にハキムによって破壊され、11 世紀後半にアマルフィ人によって修復される。先ほどのサンタ・マリア・ラティーナ（1070 年頃）が男性巡礼のための巡礼宿だったとすれば、ムリスタンにかつてあった1080年頃のサンタ・マリア・ミノーレ（Santa Maria Minore）（聖マリア小教会）は女性巡礼のためのものだった。

12世紀半ばの十字軍時代にはサンタ・マリア・マッジョーレ（Santa Maria Maggiore）（聖マリア大教会）と改称され、聖ヨハネ騎士団が巡礼宿を持っていた。十字軍がエルサレムを失った後も、サラディンの計らいで騎士団は1192年にこの場所に戻り巡礼宿を経営し、16世紀まで活動していた。

贖い主教会にあった巡礼宿と違って、こちらは1901年に市場を建設するために破壊され、現在は残っていない。ムリスタンの中心にある噴水付近に巡礼宿はあった。なお、ムリスタン通り入り口付近に聖ヨハネ騎士団の記念碑が置かれている。

洗礼者聖ヨハネ教会 *St. John the Baptist*

洗礼者聖ヨハネ教会はクリスティアン・クォーター通りから入る。小さな扉なので見逃しがちだが、キリスト教地区の目抜き通りの一つでローマ時代のデクマヌス通り（東西に走る通り）であったダビデ（David）通りからクリスティアン・クォーター通りに入って、すぐ右側である。

教会の正面

5世紀半ば頃創建され、614年のペルシア侵攻で破壊され、その後再建された。1070年頃アマルフィ人が再建し、貧しい巡礼者を収容していた。11世紀教会を基本形とするが、小さな鐘塔のあるファサードは近代に付け加えられた部分である。現在はギリシア正教会に属している。

伝承によれば、使徒大ヤコブと使徒ヨハネの父であるゼベダイの家がここにあったとされる。ただし、14 世紀と比較的新しい伝承である上に、洗礼者ヨハネと福音記者ヨハネの混乱がある。

内部には近代の天井画装飾などが施されているほか、ギリシア正教の教会らしくイコノスタシス（身廊と聖職者のための空間である内陣との間の障壁）に聖画（イコン）が飾られている。教会は時々しか開いていない。

クリスティアン・クォーター通りのローマ道敷石
Roman Pavement in Christian Quarter

ダビデ通りから聖墳墓教会に向かう途中のクリスティアン・クォーター通りには土産物屋がひしめいている。キリスト教の巡礼土産もあれば、ユダヤ教やイスラーム関連の土産物、中東の特産品を売る店が所狭しと並ぶ。道路の敷石はエルサレム特有の蜂蜜色か少しピンクがかった石灰岩の敷石であるが、通りの途中で巨大な敷石（しきいし）のブロックがある場所がある。これはローマ時代の道路の敷石で、3 世紀末から 4 世紀初頭のものである。実際にはこの地下数メートルで発掘されたもので、地上部に再構成されている。

ローマ道の敷石

ローマ時代の円柱　*Roman Column*

ローマ第十軍団フレテンシスの円柱

ジャッファ門から中心街に向かって左に二本目の小さな通り（アーチをくぐる）を少し進むと、ローマ時代の円柱が置かれている。円柱には、MAXIMO LEG[ATO] AVG[STORVM] LEG[IONIS] X FR[ETENSIS] ANTONINIANAE、そしてC. DOM[ITIVS] SERG[IVS] STR[ATOR] EIVSと書かれている。第十フレテンシス軍団の司令官マルクス・ユニウス・マクシムスの名で部下ガイウス・ドミティウス・セルギウス・ホノラトゥスが設置したもので、ローマ皇帝セプティミウス・セウェルスの時代、200年頃につくられた。

フランシスコ会書店　*Franciscan Bookshop*

ジャッファ門から中心街に向かって左に三番目の通りのある角にフランシスコ会書店があり、フランシスコ会聖地管理者の出版物や聖地に関する各国語の書籍が充実している。店員さんは英語、フランス語、ドイツ語、イタリア語、スペイン語、ヘブライ語など各国語（日本語はさすがに無理だが）を話す。

ヒゼキヤの貯水池　*Pool of Hezekiah*

クリスティアン・クォーター通りから、変則交差点で聖ヘレナ通りと反対側に行くとコプト（Copts）通りがある。少し行くと左側にコプトの巡礼宿（現在では巡礼宿ではない）がある。その奥にヒゼキヤの貯水池と呼ばれる場所がある。ヒゼキヤ王は前700年頃のユダ王国の王であるが、ヒゼキヤ王がつくったものではないようだ。

もともと石切り場で、前１世紀のヘロデ大王時代に水道橋によって水が運ばれてきたとも考えられてきたが、確証は全くない。この貯水池は調査されたことが一度もないからである。十字軍時代に近くにあったエルサレム総司教宮殿の浴場に水を供給していたため、総司教の浴場とも呼ばれる。

現在貯水池に水はない。工房が立ち並ぶ私有地内にあるため、直接見ることはできないが、市壁と市門の項で紹介するダビデの塔からよく見える。

ハンカ・サラヒーヤのモスク　*Khanqah Salahiyya*

ハンカ・サラヒーヤのモスクは、聖墳墓教会の北側のエル・ハンカ（El Khanqa）通りにあるモスクである。十字軍のラテン総司教宮殿があった場所にサラディンが 1187－89 年に建てた。スーフィズム（イスラームの神秘主義）のモスクである。1417 年に修復され、正面にミナレット（塔）が設けられた。

ウマルのモスク　*Mosque of Omar*

聖墳墓教会の入り口付近、聖ヘレナ通り沿いにウマルのモスクはある。638 年にエルサレムを占領したカリフのウマルの建てたものという伝承はあるが、確かなのは 1193 年にサラディンの息子アフダル・アリが建設したということである。ヨハネ騎士団の巡礼宿の一角であった。ミナレットは 1465 年以前（おそらく 1458 年の地震以降）に建設されたもので、基礎部分は十字軍の遺構を再利用している。

2.　アルメニア地区 *Armenian Quarter*

アルメニア地区はエルサレムの南西部分を占める。アルメニア正教会の大聖堂を中心に広がる。ジャッファ門から伸びるアルメニア総主教館（Armenian Orthodox Patriarchate）通りは、エルサレムの南市壁の内側を走るその延伸部分を含めて、旧市街で数少ない自動車が通行できる通りである。

聖ヤコブ大聖堂　*Cathedral of St. James*

そのころ、ヘロデ王は教会のある人々に迫害の手を伸ばし、ヨハネの兄弟ヤコブを剣で殺した。そして、それがユダヤ人に喜ばれるのを見て、更にペトロをも捕らえようとした（使徒言行録 12:1－3）。

教会の正面

アルメニア正教会の聖ヤコブ大聖堂はアルメニア総主教館通り沿いにある。かつてヘロデ大王の宮殿が広がっていた場所である。前 6 年にローマ人がパレスティナ地方を統治するようになると、このヘロデ宮殿は、カエサレア・マリティマに本拠を持っていたユダヤ総督のエルサレムにおける宮殿となった。イエスがピラトに裁かれたのも、こちらの宮殿である可能性が高い。

貴族の女性バッサは、東ローマ皇帝テオドシウス 2 世の妻アエリア・エウドキアに従ってエルサレムにやってきたが、エウドキアの帰還後もエルサレムに留まることになった。バッサは 444 年にエジプトの殉教者聖メナスにささげた小さな教会をこの場所に建てた。

614年にペルシア人たちによって教会は破壊され、その後再建された。11世紀にはグルジア（ジョージア）人たちが再建したようだ。1142－65年にアルメニア人たちが現在の教会を建てた。十字軍のエルサレム王国とアルメニア王国の間には友好関係があったこともあるだろう。十字軍が去った後もアルメニア人たちはこの場所に残った。教会は使徒大ヤコブと使徒小ヤコブにささげられている。

アルメニア総主教館通りから門をくぐると、1432年のマムルーク朝（1250－1517年）時代の碑文がある。この碑文は、アルメニア人たちに免税が認められていたことを記している。

聖母子の浮き彫り

前庭にはアルメニア語の碑文が二つあり、一方は1192年、もう一方は1310年のものである。壁には石のアルメニア十字も飾られていて、古いものは12世紀にさかのぼる。教会前にはポルティコがあるが、18世紀に付け加えられた部分である。

薄暗い内部は三つの廊を備える。柱はもともと十字架型の柱であったが、18世紀に正方形の柱となった。クーポラ（ドーム、丸天井）は13世紀のものである。主祭壇下に使徒大ヤコブの頭部が埋葬されているとされる。左の第二柱そばに使徒小ヤコブの墓とされるものがある。内陣の色大理石床は1651年に造られた。右側廊に1371年の木製の象眼細工の扉がある。

左側の聖メナス礼拝堂は5世紀、聖ステファノ礼拝堂は10－11世紀のものである。右側のエチミアジン礼拝堂は中世の教会の前室で、もともとはこちら側に入り口があった。

教会は早朝と午後に開いているが、開いている時間が短いので、なかなか訪れる機会がないかもしれない。教会は閉まっていても、前庭までは入れることも多い。

 オリーブの木修道院　*Convent of Olive Tree*

イエスはお答えになった。「言っておくが、もしこの人たちが黙れば、石が叫びだす」（ルカ 19:40）。

オリーブの木修道院（デイル・エル・ゼイトゥネ）はアルメニア正教会の修道院である。聖ヤコブ大聖堂の奥にある。その外側の壁は、ルカ 19:40 に出てくる叫ぶ石でできているとの伝承がある。

オリーブの木

ここに生えているオリーブの木は、15 世紀の伝承では、イエスが鞭打たれた時（マタイ 27:26、マルコ 15:15、ルカ 23:14－16 および 23:22 と 23:24、ヨハネ 19:1）に縛りつけられたオリーブの木だとされている。礼拝堂の北東側にある石は、これまた伝承だが、イエスが鞭打たれた時に痛みで体が痙攣したが、肘がこの石に触れて窪んだとされている。イエスの鞭打ちは、ある伝承ではアントニアの要塞で起こったとされているが、別の伝承ではヘロデの宮殿で起こったことになっている。ここでは後者を採用している。なお、今日ではこちらの説の方が有力である。

礼拝堂は 1300 年頃にアルメニア人たちによって建設された。1362 年と 1371 年に修復が行われている。

 聖マルコ教会　*St. Mark*

ペトロは、マルコと呼ばれていたヨハネの母マリアの家に行った。そこには、大勢の人が集まって祈っていた。門の戸をたたくと、ロデという女中が取り次ぎに出て来た。ペトロの声だと分かると、喜びのあまり門を開けもしないで家に駆け込み、ペトロが門の前に立っていると告げた（使徒言行録 12:12－14)。

教会の入り口

ダビデ通りを挟んでクリスティアン・クォーター通りの続きに聖マルコ（St. Mark）通りがある。一つ目のマロン派修道院の丁字路はまっすぐ行って、二つ目丁字路、ルター派巡礼宿前で右に曲がる。道の通りにまっすぐ行くと突き当たりに聖マルコ教会がある。シリア正教会の教会である。

教会の内部

教会は 4 世紀起源である。ファーティマ朝のハキムによって破壊された。十字軍時代に再建された。

中にある聖母子の絵はアケイロポイエータ(「人の手によらない」)、すなわち画家でもあったとされる福音記者聖ルカの描いたものとされている。ルカにまでは実際はさかのぼれないが、ビザンツ期の非常に古い聖画である。

シリア教会の伝統では、ここは聖マルコの母マリアの家があった場所で、ペトロが天使によって牢獄から解放された後に向かった場所だという（使徒言行録 12:12)。最後の晩餐も、聖霊降臨も、シリア教会の伝統ではこの場所で起こったとされている。教会の奥に、最後の晩餐が行われたとされる場所もある。

最後の晩餐の間

シリア教会は、シリアやイラクを中心とした地域にある教会である。典礼言語は、イエスが話していたのと同じアラム語である。ほんのわずかだが、このアラム語を母語とする人々もいる。私がこの教会を訪れた時、教会の案内をしてくれた修道女はアラム語を母語とする人で、アラム語で主の祈りを歌ってくれた。

教会は日曜以外通常毎日開いている。ただし、開いているはずの時間でも閉まっていることもよくある。

クライスト・チャーチ　*Christ Church*

マロン派修道院（Maronite Convent）通りにある。ダビデの塔付近でアルメニア総主教館通りから入る通りである。クライスト・チャーチは1849年に建てられた英国国教会の教会である。クライスト・チャーチの隣にあるモスクは、元はペルシアの聖ヤコブ（422年殉教）にささげられていた教会であった。アルメニア総主教通り沿いにはキリスト教情報センターもある。

3.　ムスリム地区 *Muslim Quarter*

ムスリム地区はエルサレム旧市街の北東を占める。獅子門から西に伸びるヴィア・ドロローザ（Via Dolorosa）や、ダマスクス門から南に伸びるエル・ワド（El Wad）通りなどを除くと、細い道が迷路のように連なっていて迷いやすいので、注意が必要である。

聖アンナ教会　*St. Anne*

「起き上がりなさい。床を担いで歩きなさい」（ヨハネ 5:8）。

聖アンナ教会はヴィア・ドロローザの続きであるデレク・シャール・ハーラヨット（Derech Sha'ar Ha'rayot）通り沿いにある。エルサレム西側の獅子門のすぐそばである。アフリカ宣教会（白衣（びゃくい）宣教会）のカトリック教会である。

聖アンナ教会の正面

ヨアキムとアンナはマリアの両親とされている。二人は新約聖書の外典である原ヤコブ福音書に登場する。この文書はイエスの幼少期などを記していて、正典として認められてはいないが、聖人伝や絵画などの芸術表現では、特に中世においてよく参照されていた。ビザンツ期の伝承では、この場所にヨアキムとアンナの家があり、マリアはここで育ったとされている。

この場所の奥にベトザタ（「慈悲の家」）の池がある。こちらはヨハネ 5:1－15 に登場する。ここには回廊が五つあって、病気の人、体が不自由な人たちが癒やしを求めて横たわっていた。ある安息日のこと、病気で 38 年も苦しんでいる男がベトザタの池のそばにいた。イエスはこの男が長い間病気であるのを憐れんだ。イエスが、「起き上がりなさい。床を担いで歩きなさい」と言うと、その人はすぐに良くなって、床を担いで歩きだした。

紀元前 8 世紀に雨水を集める貯水池が建設された。列王記下 18:17 やイザヤ書 7:3 に登場する「上の池」はこの貯水池を指している。この貯水池の水はダビデの町まで供給されていた。

前 200 年頃に大祭司オニアの子シモンは第二の池を建設した（シラ 50:3）。それまで水は開渠を流れていたが、この時暗渠に変えられた。その後、儀式と療養のための浴場が開設された。

ハドリアヌス帝によってエルサレムが異教化された時にこの場所にセラピス／アスクレピオス神殿（2－4 世紀）が建てられた。ビザンツ期になると、5 世紀半ば頃、ベトザタの奇跡を記念して教会が建てられた。6 世紀には聖母マリアにささげられた第二の教会が建てられた。1009 年のハキムの破壊は奇跡的に免れたようだ。

12 世紀初め、十字軍のエルサレム王ボードゥアン 1 世の妃アルメニアのアルダがビザンツ教会の上にロマネスク礼拝堂を建てた。1131－38 年には、少し離れた場所にロマネスクの聖アンナ教会も建てられた。サラディンによるエルサレム奪還後はムスリム神学校に変えられた。1856 年にオスマン・トルコ政府がクリミア戦争での協力に感謝してフランス政府に贈り、その後、教会は修復された。

ベトザタの奇跡と、聖母マリアの誕生（聖アンナの家）を記念して、二つの教会がある。前者がビザンツ時代と十字軍時代の両方の部分を持つのに対し、後者は十字軍時代の建設である。

手前側にあるのが聖アンナ教会である。シンプルなファサード上にあるアラビア語の碑文はイスラーム神学校時代のものである。十字架型柱で廊が分けられる三身廊の重厚な建築で、イスラームの建物に転用されたせいか、装飾などはない。クリプタがあって、こちらは教会自体より古い。先にも述べたように、ビザンツ時代の伝承ではここにヨアキムとアンナの家があり、マリアが生まれたのもこの場所とされている。地下教会内は現代の絵画で飾られている部分もある。

奥にあるのがビザンツ教会であ

聖アンナ教会地下聖堂の岩屋

手前はセラピス－アスクレピオス神殿、奥は教会（下堂がビザンツ、上堂が十字軍）

る。ビザンツ教会の壁の間には、癒やしのための浴室がいくつかある。エジプトのセラピス神、ローマの医療の神アスクレピオスにささげられた2−4世紀の神殿もある。地下には貯水槽もあって、下りてみることもできる。

ベトザタの池跡

西側部分にはビザンツ教会の上に、こぢんまりとした十字軍時代の礼拝堂がクリプタを含めて建てられている。このそばに前8世紀のダムと貯水池（北側の池）、前2世紀の池（南側の池）がある。神殿とダビデの築いた町に水を供給していた水路の跡も見ることができる。

日曜日は休み。昼休みをはさんで月曜から土曜まで午前と午後に公開している。

 イスラエルの貯水池 *Pool of Israel*

ヘロデ大王が前1世紀末に建設した貯水池である。聖アンナ教会の向かい側にあったが、現在は駐車場になっていて、特に遺構は残っていない。前項で見たように、イスラエルの貯水池の建設後も、ベトザタの池は使われ続けた。

 第二神殿期の敷石 *Paved Street Remains of Second Temple Period*

聖アンナ教会と鞭（むち）打ち修道院の間に、第二神殿期の敷石が残っている。

敷石

ソロモンが前960年頃建設した第一神殿は前587年にバビロニア人たちによって破壊された。第二神殿は、バビロン捕囚から解放（前538年）後に建設された神殿で、前20年にヘロデ大王によって拡張された。第二神殿期とは、前6世紀の第二神殿建設から70年の神殿破壊までの時代を指す。敷石は第二神殿期末期、ローマの統治下にあった時代（後6年以降）のものと思われる。

 鞭打ち修道院 *Monastery of the Flagellation*

「いったい、どんな悪事を働いたと言うのか。この男には死刑に当たる犯罪は何も見つからなかった。だから、鞭で懲らしめて釈放しよう」（ルカ23:22）。

ユダヤ総督ポンティオ・ピラトは逮捕されたイエスに何の罪も見いだせなかった。イエスを鞭で懲らしめて、そのまま解放しようと考えた。ユダヤの祭司たちやファリサイ派の人々はイエスを死刑にしようとピラトの意見に反対し、ローマ帝国の中間管理職にすぎないピラトは騒乱を恐れて、結局は譲歩してしまった（マタイ27:26、マルコ15:15、ルカ23:14－16および23:22と23:24、ヨハネ19:1）。

鞭打ち修道院はローマ時代のアントニアの要塞跡そばにある。要塞は前37－前35年頃ヘロデ大王によって建設され、マルクス・アントニウスにちなんでアントニアの要塞と名付けられた。カエサルの後継者たらんとしたアントニウスはエジプトのクレオパトラと同盟し、前31年にアクティウム沖でオクタウィアヌスと戦うも敗れ、翌年死亡する。オクタウィアヌスが前27年にアウグストゥスとなり、ローマは共和政から帝政に移行す

鞭打ちの礼拝堂

死刑宣告の礼拝堂

る。

鞭打ち修道院は聖アンナの真西に位置する。公式のヴィア・ドロローザ（十字架の道行き）はこの修道院の反対側にあるイスラーム学校から始まるが、私的なヴィア・ドロローザはここから始めることも多い。

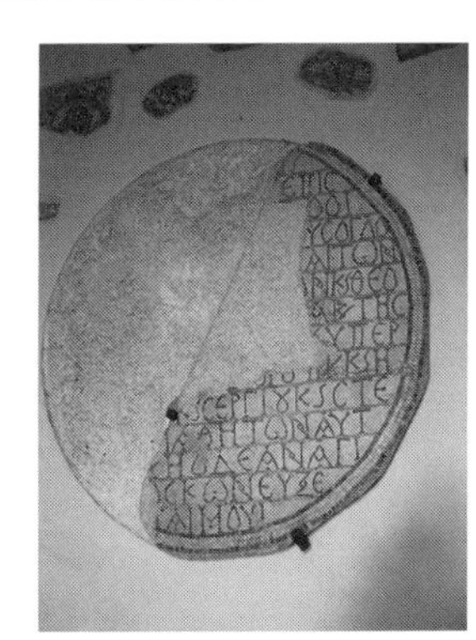
修道院の中庭にあるギリシア語のモザイク

フランシスコ会の修道院で、神学や聖書神学の学部を持っている（現在はローマにあるフランシスコ会のアントニアヌム大学の一部となっている）。ここには二つの礼拝堂がある。

入って右手にある鞭打ちの礼拝堂は12世紀、十字軍時代に創建された礼拝堂で、1929年に再建された。左手にあるのは死刑宣告の礼拝堂で、これも12世紀に創建され20世紀初頭に再建されている。

中庭にはナザレやカファルナウム、オリーブ山のドミヌス・フレヴィット教会由来の柱頭、碑文、モザイクなどが飾られている。教会は毎日開いている。

エッケ・ホモ　*Ecce Homo*

イエスは茨の冠をかぶり、紫の服を着けて出て来られた。ピラトは、「見よ、この男だ」と言った（ヨハネ 19:5）。

ピラトの元に引き出されたイエスは茨の冠をつけられ、紫の衣を着せられた。ローマの兵士たちは「ユダヤの王、万歳」とはやしたて、イエスを侮辱した。イエスに何ら罪を見いだせなかったピラトは、最後にもう一度人々の前にイエスを引き出した。「この人を見よ（エッケ・ホモ）」と。ピラトはイエスが無罪であることを知りながら、ユダヤ人たちを説得できなかった。

鞭打ち修道院のすぐ西側にあるアーチは、エッケ・ホモ・アーチと呼ばれる。ヘロデ・アグリッパ1世が41－44年に建設した市壁の門である。70年のエルサレム陥落時に市壁とこの市門は破壊されたが、下の部分だけが残った。135年にハドリアヌスはこの周辺に公共広場を建設した。

エッケ・ホモ・アーチ（礼拝堂内）

アーチの真下にカトリックのシオンの修道女会のエッケ・ホモ修道院がある。入り口が分かりにくいので気をつけよう。

地上部にある礼拝堂の内陣には、古代の市門の遺構がある。一方地下にはアントニア要塞の遺構がある。ストゥルティオン（雀）の貯水槽はヘロデ時代の地下貯水槽で、かなり大きい。雨水をため込む貯水槽で

ストゥルティオン（雀）の貯水槽

あった。天井はこの貯水槽の上にも広がっていたハドリアヌス時代の公共広場の床を支えている。

貯水槽を抜けると、さまざまな出土品の展示がある。この建物で最も重要なのがその後に来るリトストロトンと呼ばれる場所である。高さの低いスペースに礼拝堂が設けられ、床には大きな石灰岩の敷石が敷かれている。敷石の1つにはスカラベ（タマオシコガネ、俗に言う糞転がしで、古代エジプトでは神聖な昆虫として扱われた）、別の敷石にはダビデの星が刻まれている。もともとはゲーム盤か何かだったらしい。

リトストロトン

この敷石は、伝承によれば、イエスがピラトの前に引き出され、刑を言い渡された場所である。ヨハネ19:13には、「ピラトは、これらの言葉を聞くと、イエスを外に連れ出し、ヘブライ語でガバタ、すなわち「敷石」という場所で、裁判の席に着かせた」とある。この敷石という語はギリシア語では「Lithostrothon」となる。なお今日では、アントニアの要塞ではなく、エルサレム西側のヘロデ宮殿で裁判が行われたのではないかと考えられている。

エッケ・ホモはカトリックのシオン修道女会が管理している。日曜以外の午前と午後に見学できる。礼拝堂は通常は祈りのためにしか入れないが、隣の扉からガラス越しに礼拝堂の中を見ることもできる。

 ヴィア・ドロローザ *Via Dolorosa*

「父よ、彼らをお赦しください。自分が何をしているのか知らないのです」（ルカ 23:34）。

ヴィア・ドロローザは「嘆きの道」、死刑の判決を受けたイエスが重い十字架を背負ってゴルゴタの丘に向かう十字架の道行きである。カトリック教会では、十字架の道行きの信心を行うために教会堂内に十字架の道行きの留が設けられていることも多いが、こちらはその本家である。

すでに4世紀のエゲリアの『巡礼記』の中に、ヴィア・ドロローザの元となるようなものが登場する。枝の主日（棕櫚の主日または受難の主日ともいう、復活の主日の一週間前）に行われ、当時はオリーブ山からカルヴァリオに向かうものであった。8世紀には、ルートは現在とは全く違い、ゲツセマネからシオンの丘のカイアファの家、ピラトの総督宮殿、神殿近くにあった聖ソフィア教会を通って聖墳墓教会に向かうものであった。

14世紀にフランシスコ会がヴィア・ドロローザを始めた時、聖墳墓教会から始まっていた。一回りして戻ってくるわけである。このやり方は16世紀くらいまで続いた。

エルサレムの伝統では留の数は8であったが、ヨーロッパにおいては14であった。やがて聖墳墓教会内にも留が設けられ、エルサレムにおいても14となった。18世紀に現在のルートに固定されたが、留の場所が現在のようになったのは19世紀になってからである。

第1留　**イエス、死刑の宣告を受ける**

フランシスコ会によって行われる公式のヴィア・ドロローザは金曜の午後に行われる。夏期は16時、冬期は15時である。出発点は鞭打ち修道院の反対側にあるウマリーヤという学校である。この場所にアントニアの要塞があった。旧ジャウィリーヤ・マドラサ（マドラサはイスラーム学院のこと）で、1315－20年に建設された。現在の建築は1835年に再建されたもので、1924年から現在の学校となっている。

第1留　フランシスコ会の十字架の道行

祭司層やファリサイ派の人々の扇

動に乗せられ、ユダヤの民衆はイエスの死刑を要求する。ユダヤ議会が死刑の宣告を下さないのは、当時死刑はローマ権力のみが宣告できるものだったからである。過越の祭には、罪人を一人だけ解放する習慣があった。イエスに罪を認めなかったピラトはイエスを解放しようとした。しかし、それは民衆の怒号に阻まれた。代わりに悪党のバラバが解放された。

第2留　イエス、十字架を担わされる

第2留は鞭打ち修道院前である。ここでイエスは背に重い十字架を担わされた。イエスは重い足取りでゴルゴタの丘に向かう。

第3留　イエス、十字架の下に初めて倒れる

ヴィア・ドロローザはエル・ワド通りにぶつかり、左に曲がる。第3留は曲がってすぐの小さな礼拝堂前である。伝承ではイエスは十字架の重みに耐えきれず、倒れたとされている。

第4留　イエス、悲しみの聖母に出会う

第3留からわずか数メートル、アルメニア・カトリックの巡礼宿前に第4留はある。これも福音書にはないが、伝承では十字架の道行きのさなか、イエスは悲しみにくれる聖母マリアに会ったとされている。

第5留　キレネ人シモンがイエスの十字架を強いて背負わされる

第3留、第4留を過ぎてすぐ、ヴィア・ドロローザは右に曲がる。その角に第5留はある。

マタイ 27:32、マルコ 15:21、ルカ 23:26 によれば、十字架の道行きのさなか、北アフリカのキュレネ（キレネ）人のシモンがたまたま通りかかった。この不幸なシモンは田舎からやってきたばかりで、キリストの弟子というわけでもなかった。人々はシモンを捕まえ、十字架を背負わせ、イエスの後ろから運ばせた。

第5留

第6留　イエス、ベロニカより布を受け取る

第6留は第5留を過ぎて少し先の左側にある聖ベロニカ礼拝堂前であ

第6留

る。伝承では、ベロニカという敬虔な婦人がイエスに布を差し出した。イエスが顔をぬぐうと、布にイエスの顔が写しだされたとされる。

聖ベロニカは福音書には登場しないが、新約外典のニコデモ福音書（ピラト行伝）第7章にギリシア名のベルニカという名で登場する。ベロニカの布はローマのサン・ピエトロ教会の聖ベロニカ礼拝堂に安置されている。

第7留　イエス、再び十字架の下に倒れる

第7留

ヴィア・ドロローザは旧カルドであるスーク・ハン・アル・ゼイト通りにぶつかる。第7留は十字路の右手にある。この場所はイエスの時代に市門があった場所で、この場所にイエスの死刑宣告書が貼りつけられたという伝説がある。ここから当時の市壁外である。

暴行を受け、鞭打たれたイエスは極端に体力が弱っていた。重い十字架を支えきれなくなった。この場所で二回目に倒れたとされる。

第8留　イエス、嘆き悲しむ女性たちを慰める

第8留はスーク・ハン・アル・ゼイト通りを渡り、エル・ハンカ通りを少し進むと左手にある。ルカ23:27－31のエピソードである。民衆と嘆き悲しむ婦人たちが大きな群れを成して、イエスに従った。イエスは慰めてこう言った。「エルサレムの娘たち、わたしのために泣くな。むしろ、自分と自分の子供たちのために泣け……」（ルカ23:28）。

第9留　イエス、三度十字架の下に倒れる

第8留から第9留に直接行く道はない。昔と道筋が変わっているからである。一度引き返して、スーク・ハン・アル・ゼイト通りを左に曲がって南下し、次に右側にある階段を上っていく。もう、4世紀のコンスタンティヌス教会の敷地内である。

第9留はコプト総主教館の前にある。間もなくゴルゴタの丘に着くところだが、重さと疲労に耐えきれず、イエスは三度地面に倒れる。

通常はこのままエティオピアの聖アブラハム修道院の中を通って聖墳墓教会に向かうが、場合によってはスーク・ハン・アル・ゼイト通りに戻り、スーク・エド・ダバガ通り、すなわち聖アレクサンドル・ニエフスキー教会や贖い主教会のそばを通って聖墳墓教会に向かうこともある。聖アブラハム修道院の通路が狭いためである。

第10留　イエス、衣服をはがされる

ゴルゴタ（ヘブライ語で「されこうべ」）の丘、あるいはカルヴァリオ（ラテン名（Calvaria）も同様の意味）と呼ばれる場所に来た。第10留はカルヴァリオである。マタイ27:35－36、マルコ15:24、ルカ23:34、ヨハネ19:23－24によれば、兵士たちはイエスの服をはぎとり、くじで分けあったとされている。

第11留　イエス、十字架につけられる

第11留もカルヴァリオである。十字架につけられた場所は、ギリシアのカルヴァリオである。カルヴァリオでイエスは十字架につけられた。手足に釘が打たれ、体が木の十字架に固定された。マタイ27:35－44、マルコ15:25－32、ルカ23:32－43、ヨハネ19:18－22。

第12留　イエス、十字架上で息をひきとる

第12留もカルヴァリオである。十字架につけられたイエスは3時間後、息を引き取った。マタイ27:45－52、マルコ15:33－38、ルカ23:44－46、ヨハネ19:28－30。

第13留　イエス、十字架より下ろされる

第13留もカルヴァリオである。降架はラテンのカルヴァリオで起こったとされる。安息日が近づいていたので、アリマタヤのヨセフは勇気を出してピラトに申し出てイエスの遺体を引き取った。マタイ27:57－58、マルコ15:43－45、ルカ23:53、ヨハネ19:38。

第14留　イエス、埋葬される

第14留と第15留はアナスタシスである。全く同じ場所なので、留の数は14と数えられている。アリマタヤのヨセフとニコデモは、イエスの遺体に香料をふりかけ、新しい墓に埋葬した。マタイ27:59－60、マルコ15:46、ルカ23:53、ヨハネ19:40－42。

第15留　イエスは復活される

安息日が明けると、弟子たちはイエスの墓に向かった。最初に婦人たちが、そして使徒たちが空の墓を見た。墓に遺体がなかったのは、イエスは復活されたからである。マタイ28:1－10、マルコ16:1－8、ルカ24:1－12、ヨハネ20:1－10。

マムルーク朝時代の建築群　*Mamluk Buildings*

マムルークとはトルコ系の軍事奴隷である。マムルークたちが建設したイスラーム王朝であるマムルーク朝は1250－1517年、エジプトを本拠とした王朝で、パレスティナ地方も支配下におさめていた。エルサレムにはマムルーク朝時代の建築がかなり残っている。

獅子門から左に二本目のヨン門（Ion's Gate）通り（神殿北側東から二番目の「赦しの門」の外側）には、リバト・アル・マリディニ（14世紀、通りの入り口右側）、マドラサ・カリミーヤ（1319年、通りの奥、すなわち赦しの門の手前左側）、アル・マリク・アル・アウハド（1299年没、通りの奥、すなわち赦しの門の手前右側）の墓がある。

獅子門から左に三番目のファイサル王（King Feisal）通り（神殿北側東から三番目の「暗い門」外側）沿いには、入り口の丁字路北側にムアザミーヤ・マドラサ（1274年）のミナレットの基部が残っている。ファイサル王通り中ほど左側にはサラミーヤ・マドラサ（1338年）、さらに奥の暗い門手前左側にはダワダリーヤ・ハンカ（1295年）がある。

アカバト・エト・タキヤ（Aqabat et-Takiya）通り（ヴィア・ドロローザ第6留の聖ベロニカ礼拝堂の一本南を並行）にもいくつかある。ベロニカ礼拝堂の東側で南に行き、アカバト・エト・タキヤ通りを左に曲がるとすぐ右側（南側）にあるのはセライ・エス・シット・トゥンシュクで、トゥンシュク（1398年没）という貴婦人が住んだ家で、1552年に建てられたハッセキ・スルタンのイマレットという建物の中に組み込まれている。左側（北側）はトゥルバト・エス・シット・トゥンシュクで、生前に建てられたトゥンシュクの墓（1392年）である。東側に向かい、エル・ワドにぶつかる手前右側にリバト・バイラム・ジジャウィシュで、1540年に建てられたムスリムの巡礼宿である。

同じ通りをさらに東に向かうとアラ・エド・ディン（Alla ed Din）に通りの名が変わる。神殿西側の北から二番目の「査察官の門」の外側である。門に向かって右手奥にリバト・マンスリ（1282年）、左手にリバト・アラ・エド・ディン・エル・バシル（1267年）、門の手前左側にマドラサ・マンジャキーヤ（1361年）がある。

アラ・エド・ディンの一本南の鉄の門（Iron Gate）通り沿い（神殿西側の北から三番目「鉄の門」外側）には、右側にマドラサ・ムジリーヤ（1480年）とさらに奥にマドラサ・アルグニーヤ（1358年）、左側にマドラサ・ジャウハリーヤ（1440年）、さらに奥にリバト・クルト・アル・マンスリ（1293年）がある。

鉄の門通りのマムルーク建築

さらに一本南、大きな市場のあるスーク・エル・カッタニン（Suq el Qattanin）（「綿商人の市場」）通り沿い、「綿商人の門」（神殿西側の北から四番目の門）外側には、エル・ワド近く右側にハマム・エル・アインという浴場があり、これもマムルーク期である。さらに奥の右側にはエミル・タンキズの宿（14世紀前半）がある。さらに奥右側はハマム・エル・シャイファで、これもマムルーク期の浴場である。左側には市場の建物があるが、西側部分は十字軍時代の市場を再建したもの、東側部分はその後マムルーク期に拡張した部分である。

さらに南の通りはバブ・アル・シルシラ（Bab al-Silsila）または鎖の門（Chain Gate）通りで、神殿西側の北から五番目の「鎖の門」外側にある。エル・ワド南端では、トンネルに入ると嘆きの壁に出てしまうので、マムルーク朝の建築を見る場合は左にそれて鎖の門通りに出る。

バブ・アル・シルシラ通りのマムルーク建築

エル・ワド南端から東側、神殿方面に行くと左側（北側）にトゥルバ・トゥルカン・ハトゥン（1352年）、さらに奥左側にトゥルバ・サディーヤ（1328年）、右側（南側）にマドラサ・タンキジーヤ（1328年）がある。

エル・ワド南端から西側に行くと、最初の交差点（ハコテル（Hakotel）通り）右側（北側）にトゥルバ／マドラサ・タジーヤ（1362年）とトゥルバ・キラニーヤ（1352年）、左側（南側）にトゥルバ・バルカ・ハン（ハリディ図書館、13世紀）がある。二番目の交差点（ミスガフ・ラダク（Misgav Ladach））左側（南側）にマドラサ／トゥルバ・タシュティムリーヤ（1382年）がある。少し離れるが、四番目の交差点、カルドの手前右側にハン・エス・スルタン（スルタンの宿、1386年）もある。

いくつか用語を整理しよう。マドラサはイスラーム学院、要するに宗教学校のことである。トゥルバは墓を意味する。ハンはカラヴァンセライ、巡礼宿や隊商宿を意味する。リバトも巡礼宿を意味する。ハマムは浴場を意味する。スークは市場である。そして、スルタンは君主（王、皇帝）のことである。

カリフが「預言者ムハンマドの代理人」という宗教的権威を持った支配者だとすると、スルタンは世俗的権威ということになる。カリフはアッバース朝までは実権を握っていたが、その後は象徴的な存在になり、スルタンが国を治めることになった。

神殿の丘については後ほど紹介するが、ひとつ気を付けてほしいことがある。ムスリム以外の者が神殿の丘に入ることのできる門は、嘆きの壁南側の「ムーアの門」一つだけということである。一般観光客にとっては、それ以外の門は出口専用となる。

4.　ユダヤ人地区 *Jewish Quarter*

ユダヤ人地区はエルサレム旧市街の南東部を占める。東側は嘆きの壁、西側はカルド・マクシムスとフルヴァ広場を中心として広がっている。

カルド・マクシムス　*Cardo Maximus*

カルド・マクシムスの復元

ローマ都市は東西と南北にまっすぐな通りが走る。東西の通りをデクマヌス、南北の通りをカルドと呼ぶ。その中でもメイン・ストリートを、カルド・マクシムス、デクマヌス・マクシムスと呼んでいる。カルド・マクシムスはダマスクス門から南側のシオンの丘までエルサレムを南北に貫いていた通りである。

旧カルドのうち、ムスリム地区にあたる北側部分はスークが立ち並ぶ狭い通りになってしまっている。ユダヤ人地区の南側部分は道幅もより広く、一部は復元されて残っている。

通りは本来12.5メートルの幅があった。今の日本の自動車道路の幅が2車線でおおむね6メートルだから、道全体の幅としては、歩道や並木道を備えた2車線の整備された現代の道路くらいの幅があったことになる。

南側部分のカルドは、70年のローマ軍によるエルサレム占拠後やハドリアヌス時代のものではない。アエリア・カピトリナ時代のカルドは現在のダビデ通り、鎖の門通りくらいまでしか来ていなかった。それより南は市壁外、第十フレテンシス軍団の陣営のある場所であった。南側部分が建設されたのは4世紀以降ということになる。ビザンツ期にはシオンの丘まで市壁に含まれるようになったのだから。

ローマとビザンツについて、少し明確にしておきたい。まずローマだが、前63年に大ポンペイウスがハスモン朝（旧約続編のマカバイ記に登場するマカバイ兄弟とその子孫の王朝で、前2世紀半ばから前37年まで存続）のユダヤ地方に侵入し、その後ユダヤ地方はローマの保護国となった。前37年にヘロデ大王がハスモン朝を廃してユダヤ王となるが、ヘロデは親ローマ政策を続けた。その後、後6年にユダヤはローマ帝国（前27年よりローマは共和政から帝政に移行する）の属州となった（ヘロデ・アンティパス、ヘロデ・アグリッパ1世、ヘロデ・アグリッパ2世などのヘロデ朝の子孫は統治者として名目上残る）。

ビザンツとは、東ローマ帝国のことで、ビュザンティウム（ビュザンティオン）つまりコンスタンティノープルを首都とする東側のローマ帝国である。コンスタンティヌス1世は330年にローマ帝国の首都を自分の名にちなんで造られたこの都市に移した。

ローマ帝国は395年に最終的に東西に分裂し、その後統一されることはなかった。西ローマ帝国は476年に滅亡したのに対し、東ローマ帝国は1453年まで永らえた。通常、ギリシア化が顕著となる6世紀のユスティニアヌス1世以降、東ローマ帝国というよりビザンツ帝国と呼ぶことが多い。

しかし、中東の文脈における「ビザンツ」は若干違う。コンスタンティノープルにローマ帝国の首都が移されたコンスタンティヌス大帝の時代からビザンツ時代と呼ばれるようになる。本書でも、イスラエルで用いられる時代区分に従って、コンスタンティヌス1世から638年のイスラーム支配までを特にビザンツ期と呼んでいる。

シオン門内側の駐車場からカルド・マクシムスを北上してみよう。ユダヤ人地区（Jewish Quarter）通りを北上すると、左側にビザンツ期のカルド・マクシムスが復元されている。円柱が並び、アカンサスという植物の葉をかたどったコリント式柱頭が見える。道路脇にはアーチも残っている。

最初の部分は屋外だが、その後は屋根の下となる。ヨルダンのマダバ修道院には565年頃のパレスティナ地方の地図のモザイクが残されているが、カルドのこの地点にその地図からエルサレムの地図を復元したものが飾られている。書かれているのは、「ヘー・ハギア・ポリス・イェ

マダバ・モザイクのエルサレム部分の複製

カルド・マクシムスの復元

ルサレーム」というギリシア語で、「聖なる都市エルサレム」を意味する。左側が北で、エルサレムを真っ二つに分断する通りはこのカルド・マクシムスである。左側がダマスクス門とローマの公共広場で、中央下に聖墳墓教会もある。右上の端が幾分不鮮明だが、オリジナルの床モザイクで欠けている部分である。

さらに進むと、今度は屋根の下で、カルドの一部分が復元されている。コリント式の円柱が並んでいたことが分かる。列柱廊は両側にあり、両端には排水溝もあった。この周辺

十字軍時代の市場

に大メノラー（ユダヤ燭台）が置かれていたが、嘆きの壁を見下ろす場所に現在は移されている。

一旦屋外に出て、再び屋内になる。アーチが並んでいるが、この部分は12世紀、十字軍時代の市場があった場所である。天井もアーチもオリジナルのものである。現在、お店が並ぶショッピング・ストリートになっている。

イスラエル第二の壁およびハスモン朝時代の遺構

十字軍の市場を歩いていると、西側に円柱の基部や壁の遺構が見える場所がある。イスラエル第二の壁と呼ばれ、前7世紀のものである。前7世紀の塔の一部も残っている。サウル、ダビデ、ソロモンと続いたイスラエル王国は南北に分裂し、正確に言えばユダ王国時代となる。この壁は紀元前2世紀のハスモン朝時代に再建されたので、この時代の壁も残っている。

カルドがダビデ通りとぶつかると、ムスリム地区になる。カルドは狭い通りになり、古代の様相を想像するのは難しくなる。

イスラエルの塔と厚い壁　*Israelite Tower and Broad Wall*

またその傍らでは鋳物師ハルハヤの子ウジエルが補強に当たり、その傍らでは香料調合師のハナンヤが補強に当たった。彼らは広壁までエルサレムを修復した（ネヘミヤ3:8）。

厚い壁

カルド・マクシムスの途中、一旦屋外になる地点（十字軍の市場の南端）

付近にティフェレト・イスラエル（Tiferet Israel）という通りがある。この通り付近に古イスラエル期の遺跡がいくつかある。

ティフェレト・イスラエル通りの起点、ユダヤ人地区通りとの交点付近にある壁は前8世紀、イスラエル第一の壁と呼ばれる市壁である。さらに進んでいくと、左側が開け、分厚い壁が見える。これは厚い壁（ネヘミヤ3:8の広壁）と呼ばれ、同様に前8世紀の市壁の一部である。

この厚い壁の西側のプルガト・ハ・コテル（Plugat Ha-Kotel）通りを北に行き、丁字路を右に行くと、イスラエルの塔がある。前7世紀、イスラエル第二の壁の一部だが、遺跡は地下なので、もし開いていれば見学できる。

 フルヴァ広場 *Hurva Square*

厚い壁からティフェレト・イスラエル通りを東方面に行くと、フルヴァ広場に着く。フルヴァとは、「廃虚」を意味する。広場の北側に1世紀の敷石が残されている。

1世紀の敷石

広場の西側に二つのシナゴーグと一つのモスクがある。北側のシナゴーグはフルヴァ・シナゴーグで、18世紀に創建され、1838年に再建された。1948年の第一次中東戦争（独立戦争）で破壊されて、1967年に再建された。

南側のシナゴーグはランバン・シナゴーグである。1267年にラビ・モシェ・ナクマンがエルサレムに来た時、二人のユダヤ人しかいなかったという。ラビはシオンの丘にシナゴーグを創設したが、このシナゴーグは1400年頃、十字軍教会の遺構（鎖の聖ペトロ教会？）を再利用してこの場所に移された。シナゴーグは15世紀末に破壊され、その後、再建された。

1599年にユダヤ人の礼拝が禁止され、戻ってきたのは第三次中東戦争後の1967年である。

ランバン・シナゴーグに隣接するモスクはエル・オムリ・モスクで、1397年に再建された。ミナレットはユダヤ人地区にある唯一のミナレットである。

ヘロデ時代の家　*Herodian Houses*

フルヴァ広場から東に三本の道がある。いちばん北がティフェレト・イスラエルで、嘆きの壁方面に抜けるメインのルートである。真ん中の道はハ・カライム（Ha-Karaim）通りといって行き止まりだが、この通り沿いにヘロデ時代の家の入り口がある。1967年以降に建設された家々の下に遺跡がある。

この遺跡の家は前1世紀後半、ヘロデ大王時代のものである。70年のエルサレム陥落の後で破壊された。発掘は第三次中東戦争後、1960年代後半に行われた。

西側部分のモザイク

入ってすぐにある家は西側の家と呼ばれる。この家は多層構造で、浴室部分が残っている。一部に床モザイクもある。

中央にはかなり大きな家で、中央に列柱を備えた中庭（ペリスタイル）もある。床にはモザイクやオプス・セクティレ（多色大理石で構成された床）が見られる。壁にはストゥッコ（化粧漆喰（しっくい））やフレスコ画の装飾もある。儀式用浴室（ミクヴェー）が多い

ストゥッコ（化粧漆喰）の壁

のも特徴である。

そして南側にももう一軒家がある。南側の家と呼ばれ、壁にはフレスコ装飾が施され、床には星型などのモザイクも見られる。この家も多層になっている。

出る時は地下を結構移動しているので、迷わないよう気を付けよう。ミスガフ・ラダク通り付近に出る。

遺跡は朝から夕方まで開いているが、金曜は午前中のみ。土曜は開いていない。次の焼かれた家との共通チケットもある。

焼かれた家 *Burnt House*

ティフェレト・イスラエル通りがミスガフ・ラダク通りとぶつかる直前の少し広場になっている部分に焼かれた家はある。第二神殿期末の祭司の家だったと考えられている。70年にローマ軍によって焼かれた。

遺跡はそれほど大きくない。遺跡を前にして、70年のエルサレム陥落を描いた15分くらいの映画が上映される。遺跡からは鉄槍の先、子どもの手の骨も見つかっており、そのまま置かれている。ほかの出土品は展示スペースに置かれている。

遺跡は朝から夕方まで開いているが、金曜は午前中のみ。土曜は開いていない。ヘロデ時代の家との共通券もある。

焼かれた家の遺跡

十字軍のバザール遺構

十字軍のバザール　*Crusader Bazar*

ティフェレト・イスラエル通りがミスガフ・ラダク通りとぶつかる直前の広場、焼かれた家の前にある屋根付きの建物は12世紀に十字軍によって建てられた遺構である。

ドイツ人の聖マリア教会　*St. Mary of the Germans*

ティフェレト・イスラエル通りとミスガフ・ラダク通りの交点にあった。教会は十字軍時代の1140年頃に建てられた。ドイツ騎士団の前身となった聖ヨハネ騎士団のドイツ人会員が、ドイツからの巡礼のために建てた（ドイツ騎士団の成立はエルサレム陥落後の1190年）。神聖ローマ皇帝フリードリヒ2世の第六回十字軍で、アイユーブ朝スルタンのアル・マリク・アル・カミルとの直談判による外交努力で一時的にエルサレムを回復すると（1229－44年）、わずかの間ではあったが、ドイツ騎士団がここに戻った。

ドイツ人の聖マリア教会

ドイツ巡礼宿の遺構

教会は廃虚になっていて、屋根は

ない。通常閉まっているが、中に入れる時もある。教会の後ろにあるのはドイツ巡礼宿の遺構である。近年、大メノラーがこの遺構の近くに移された。

 バテイ・マハセ広場 *Batei Mahase Square*

ミスガフ・ラダク通りの南端から左に曲がる。フルヴァから南下してもよいが、ガレド（Galled）通り途中からマーマドト・イスラエル（Ma'amadot Israel）通りへ一度右に曲がる必要がある。そばにある建物はロートシルト（ロスチャイルド）家の建物である。

広場にはローマ時代の円柱がある。この場所で見つかったものではなく、よそから移されたものである。

広場の南側にネア教会遺構がある。ビザンツ皇帝ユスティニアヌス1世が543年に建設した「新（ネア）」教会で、後陣部分が残っている。内部にモザイクも残っている。昔は公開していたようだが、最近は開いていないようだ。

ローマ時代の円柱

5.　嘆きの壁と周辺 *Western Wall Plaza*

ソロモンが建設したエルサレム神殿はバビロニア人によって破壊され、バビロン捕囚後再建された。この第二神殿は、第一次ユダヤ戦争のさなかの70年、ローマ軍によって破壊される。第二次ユダヤ戦争の結果、ユダヤ人がエルサレムに近づくことも禁じられ、ディアスポラ（離散）が始まる。神殿を奪われたユダヤ人は、文字どおり世界中に散らばっていくことになる。

嘆きの壁　*Western Wall (Wailing Wall)*

主よ、覚えていてください／エドムの子らを／エルサレムのあの日を／彼らがこう言ったのを／「裸にせよ、裸にせよ、この都の基まで」（詩編137:7）。

前20年頃ヘロデ大王が改築したエルサレム第二神殿は、70年、第一次ユダヤ戦争の敗北により破壊された。神殿は、この後再建されることはなかった。エルサレムはその後ローマ人のものになり、キリスト教徒のものになり、そして

上から見た嘆きの壁周辺広場。左に岩のドーム、右に神殿の丘への入り口が見える。

ムスリムのものになった。19 世紀末から 20 世紀初頭にかけてシオニズム運動が起こると、神殿の西側の壁は多くのユダヤ人の心のよりどころとなった。

嘆きの壁の入り口は何箇所かある。南側のダン門付近の大きな入り口と、北側のエル・ワド通りの最南端の入り口がメインの入り口となっている。ユダヤ教最大の聖地であり、金属探知検査などのチェックを受けてから広場に入る。

広場は 1967 年以降、周囲にあった家を壊して建てられた。金曜の日没から土曜日の日没までの安息日ともなると、広場は祈る者、踊る者、喜ぶ者、さまざまな人でいっぱいになる。

神殿の大きな壁のうち、ヘロデ時代の神殿は最下層の部分である。基部まで 20 メートルほど、地下に埋まっている。7 世紀のウマイヤ朝時代、1033 年の地震後など数度にわたって修復されている。修復・再建によって切り石が積み上げられ、現在の高さになった。

右側は女性のための、左側は男性のためのスペース

ユダヤ教徒でなくても、この神殿の壁に手を触れて祈りをささげることができる。左側は男性用のスペースで、シナゴーグに入る時同様、キップールという帽子で頭を覆う必要がある。入り口に紙のキップールが置いてある。右側は女性用のスペースで、スカーフで髪や肩などを覆わなければならないが、入り口にスカーフが用意されている。

左側の男性用スペースには屋内空間もあって、ここで祈りをささげる人も多い。この場所にあるアーチは 19 世紀の探検家にちなんでウィルソンのアーチと呼ばれる。これは祭司たちがエルサレムの上の街にある家と行き来する時に使っていた階段跡である。南に残るアーチはロビンソンのアーチと呼ばれる。ロビンソンのアーチも、上の街と行き来するための階段跡であった。

事前に予約すれば、嘆きの壁トンネルの地下部分を訪問することもできる。この場合、インフォメーション・センターやトイレのある北側部分から出発し、西側の壁の北端、ヴィア・ドロローザの出発点であるウマリーヤ学校が出口となる。

独立記念日の前夜の嘆きの壁

オフェル考古学公園　*Ofel Archaeological Garden*

オフェルは神殿の南部分にある考古学公園である。ダン門近くの広場内に入り口がある。嘆きの壁南入り口付近のテラスからも見えるが、じっく

アル・アクサ直下の遺構

り見るのなら中に入った方がよい。

入ってすぐの地下にある展示施設には、ランプ、貨幣、その他模型などの展示がある。道路をくぐって公園内に入ると、ロビンソンのアーチの遺構、破壊されて横たわる大きな切り石、1世紀の通り、そしてウマイヤ朝時代の宮殿跡が広がる。中世の十字軍の塔や、6世紀のビザンツ時代の床モザイクのある家もある。アーチを抜けて、市壁の外側に出る。付近にはヘロデ時代の基礎跡がある。16世紀の（つまり現在の）市壁が神殿の壁に合流する地点付近にある神殿の壁の門は二重の門、またの名をフルダの門と言う（閉鎖されている）。ヘロデ大王時代のものである。

ロビンソンのアーチ

ビザンツ期のモザイク

二重の門と三重の門の間にはミクヴェー（儀式用浴室）や、列柱廊のある下の中庭があり、三重の門付近にはもう一軒ビザンツ時代の家がる。三重の門はウマイヤ朝時代につくられたが、11世紀に閉鎖された。いちばん奥には単門があり、十字軍時代にテンプル騎士団が設け、後にサラディンによって閉鎖された。

三重の門から南に行った先には8世紀のウマイヤ朝時代の基礎部分が残っている。付近には第一神殿期の前8－前6世紀の壁（建物または市内の門とされる）も残っている。

第一神殿期の門

付近にある宮殿跡はアディアベネ

のヘレネの家とされている。１世紀、メソポタミアのアディアベネ王国の王妃で、ユダヤ教に改宗したことで知られる。ヘレネの家周辺にはビザンツ時代の家が並んでいる。

遺跡は朝から夕方まで開いているが、金曜は午前中のみ。土曜は開いていない。

6. 神殿の丘　*Temple Mount*

神殿の丘　*Temple Mount*

そのとき、主の言葉がソロモンに臨んだ。「あなたが建てている神殿について、もしあなたがわたしの掟に従って歩み、わたしの法を実行し、わたしのどの戒めにも従って歩むなら、わたしは父ダビデに告げた約束をあなたに対して果たそう。わたしはイスラエルの人々の中に住み、わが民イスラエルを見捨てることはない」（列王記上 6:11－14）。

神殿の丘は、創世記のモリヤ、神に命じられてアブラハムが息子のイサクを犠牲（いけにえ）にささげようとした地である。アブラハムが息子を犠牲にささげようと刃物をつきたてようとした瞬間、天使がアブラハムの手を止めた（創世記 22:1－18 参照）。

モーセが神より受け取った十戒の石板を納めた契約の箱を安置するために、ソロモン王は神殿を建設した。前960 年頃とされる。この第一神殿は前587 年に破壊されたこと、バビロン捕囚の終了（前 538 年）後、第二神殿として再建され、前 20 年頃ヘロデ大王が大幅に改築し、70 年に再び破壊されたこと

ジャウィリーヤ・マドラサから見た神殿の丘

はすでに何度か述べた。

神殿は三つの場所に分かれていた。周縁部は異邦人の庭と呼ばれ、外国人でも立ち入ることができた。両替所や犠牲用の動物などを売る店などがあったのはこの場所である。周囲をソロモンの回廊と呼ばれる列柱廊が囲んでいた。

ユダヤ人のみが入れる内部の庭は実際にはいくつかに分かれていた。婦人の庭はユダヤの男女とも入れる場所であった。ニカノルの門から入るイスラエルの庭はユダヤ人男性のみ入れる場所である。祭司の庭はレビ人の祭司のみが入ることができた。ここには犠牲の祭壇があった。イスラエルの庭からは、祭司の庭での儀式を見ることができた。

奥には祭司が入ることができる聖所があり、メノラー（ユダヤ燭台）も安置されていた。70年のエルサレム陥落の際にこのメノラーはローマ軍に持ち出されたが、その様子はローマのフォーロ・ロマーノのティトゥスの凱旋門の浮き彫りに見ることができる。

いちばん奥の至聖所には契約の箱（モーセの十戒を納めた箱）が安置されていた。この場所には年に一度大祭司のみが入ることができた。

2世紀前半、トラヤヌス帝によってエルサレムはアエリア・カピトリナに改称され、ローマ都市となるとともにユダヤ人の入市が禁じられた。2世紀半ばにアントニヌス・ピウス帝は神殿跡に二つの彫像を建立した。333年のボルドーの巡礼によると、4世紀当時ユダヤ人は年に一度だけ、「穴のあいた岩」に香油を注ぐために神殿跡に入ることを許されていたという。

預言者ムハンマドはメッカから一夜にしてエルサレムに旅し（イスラ）、アブラハムの岩から昇天したと伝えられている。ウマイヤ朝時代に岩のドームやアル・アクサ・モスクが建てられた。

十字軍時代には、神殿の丘のモスクは教会に変えられた。神殿の丘は初期にはエルサレム王の住居であったが、1131年、テンプル騎士団に譲渡された。テンプル騎士団という名称自体、ソロモンの神殿（テンプルム）から来ている。このテンプル騎士団は、1291年の聖地からの撤退以降フランスに本拠を置くが、フランス王フィリップ4世により異端の嫌疑をかけられ、1312年解散させられた（騎士団の莫大な財産に目がくらんだからとも、フランス国内に王以外の大きな勢力がいるのを恐れたからとも言われる）。1314年に騎士団長ジャック・ドゥ・モレー以下騎士団員たちが火刑に処された。

1187年のサラディンによるエルサレム奪還以降、教会となっていた岩のドームもアル・アクサもモスクに戻った。14－15世紀のマムルーク朝時代神殿の丘内にいくつかの建物が建てられ、16世紀のオスマン朝のスレイマン1世時代、神殿の周壁も改築された。

神殿の丘はアラビア語でハラム・エシュ・シャリフとも言う。現在、神殿の丘はムスリムの管轄となっている。ムスリムの信徒団体であるワクフと、ヨルダン王が権利を持っている。

金曜以外の午前中に一般公開もしているが、その時の状況によって公開を中止することもある。ダン門近くに入り口がある。ダン門から見ていちばん右側のゲートから入る。それ以外の入り口からでは、嘆きの壁に入ってしまう。なお、聖書を持って中に入ることはできないので、注意したい。

神殿の丘の入り口は、観光客向けにはムーアの門だけであるが、出る時はどの門からも出ることができる。

神殿の北側にある門は、東から諸部族の門（獅子門近く）、赦しの門、暗い門である。西側にある門は、北からバニ・ガワニマの門、査察官の門、鉄の門、綿商人の門、清めの門（この門だけは外につながっていない）、鎖の門、そしてムーアの門である。

神殿の丘の境内

別個に取り上げる黄金の門は東側にあった。南側には二重の門（フルダの門）、三重の門、単門があったが、ふさがれていることは既述のとおりである。

アル・アクサ・モスク　*Al-Aqsa Mosque*

アル・アクサは神殿の丘の南側部分にある。周囲にある大理石の円柱は、1938－42年の修復時に当時のイタリアの独裁者ムッソリーニが贈ったものである。

モスク正面

アル・アクサは709－715年にウマイヤ朝のカリフのアル・ワリドが創建した。地震で損害を受け、780年にアッバース朝カリフのアル・マフディが15の廊を備えるモスクを再建した。1033年の地震の後、ファーティマ朝カリフのアズ・ザヒルが再建したが、これは七つの廊に減らされた。

十字軍時代に教会に転用され、テンプル騎士団の本部となり、正面のポルティコ（屋根付き歩廊）の中央部分が付け加えられた（1217年に修復）。その後サラディンによってモスクに戻された。マムルーク朝時代の1345－50年には、ファサー

側面からのアル・アクサと柱頭群

ドとポルティコの残りの部分が付け加えられた。

内部の中央の廊、アーチの上には1035年のモザイク装飾が見られる。中には1187年にサラディンが建設したミフラーブ（メッカの方角を示す）もある。ただし、第二次インティファーダ以降、ムスリム以外が中を訪れるのは難しくなった。

アル・アクサの前にある泉はエル・カスと呼ばれる。ここで祈りの前に信者たちが身を清めていた。

ソロモンの厩舎（きゅうしゃ） *Solomon's Stables*

神殿の丘の南東部にある。ソロモンの名を冠しているが、同王と関連はない。

ソロモンの厩舎と呼ばれる遺構

古い部分はヘロデ大王時代にさかのぼる。神殿の丘は、南側部分で切り立つ崖になっており、上に平らな土地をつくるために大規模な基礎が設けられた。8世紀と12世紀に修復を受けている。

中世の巡礼たちはこの構造を見て、ソロモン王の厩舎がここにあったのだと想像した。実際、テンプル騎士団はこの場所を厩舎として使っていた。オフェルで紹介した単門はこの場所につながっていた。

岩のドーム　*Dome of the Rock*

八角形の美しい岩のドーム

岩のドームは、かつてのエルサレム神殿の至聖所があった場所に立っている。メッカのカーバ神殿、メディナの預言者ムハンマドのモスクに次ぐ、イスラーム第三の聖所である。

岩のドームはウマイヤ朝時代、カリフのアブド・アル・マリクによって688－691年に建設された。ムハンマドの夜の旅行（イスラ）と昇天、ならびにアブラハムによるイサクの犠牲を記念している。十字軍時代に教会に転用されるが、サラディンによって元に戻されている。

ドームはもともとモザイクで覆われていた。マムルーク朝時代に修復が行われ、1545年にオスマン・トルコのスレイマン１世によって外側のモザイクはタイルに置きかえられた。

内部は八角形構造をしている。中央にはムハンマドの昇天の岩がある。その天井にはモザイク装飾（修復されている）が残っている。周囲の廊の天井は木製で、アイユーブ朝のアル・アジズによるもの（1198年）である。小さなミフラーブがあり、ウマイヤ朝時代のオリジナルのものである（現存する最古のミフラーブ）。岩の近くにムハンマドの髭（ひげ）が残されており、その容器はオスマン朝時代のものである。岩の地下には、魂の井戸と呼ばれる空洞がある。第二次インティファーダ以降、ムスリム以外が中を訪れるのは難しくなった。

岩のドームの東側には鎖のドームがある。岩のドームと同じ時期に建てられ、13世紀に修復された。伝説では、ソロモン王が天井から鎖をつるしたが、偽証をした者が触れると雷が落ちたという。実際の用途は、岩のドームの模型として造られたという説や、宝物庫だったという説などがあるが、よく分かっていない。

岩のドームの北西側には昇天のドームがある。1200年頃建てられ、十字軍建築の材料を再利用している。北側は風／霊のドームの残った円柱で、16世紀のものと考えられている。南西側は文芸のドームと呼ばれ、1208年のものである。

岩のドーム周辺にはアーチ（カナティル）がいくつもある。北西側のカナティルには、前2世紀のハスモン朝時代の壁が残っている。西側のカナティルは951年に建設された。南側のカナティル（10世紀頃）そばにあるのは、ブルハン・エド・ディンの演壇と呼ばれ、1388年に建てられた。雨乞いに関係しているようだ。

黄金の門 *Golden Gate*

主はわたしに言われた。「この門は閉じられたままにしておく。開いてはならない。だれもここを通ってはならない。イスラエルの神、主がここから入られたからである。それゆえ、閉じられたままにしておく。しかし君主だけは、ここに

黄金の門は閉じられている。

君主として座り、主の前で食物を食べてもよい。ただし門の廊から入り、またそこから出て行かなければならない」(エゼキエル 44:2－3)。

黄金の門は美しい門とも呼ばれていた。神殿の東側にあった門である。使徒言行録では、ペトロとヨハネが足の不自由な者をこの場所で癒やしている(使徒言行録 3:1－10 参照)。

新約外典の原ヤコブ福音書およびそれに依拠した 14 世紀の聖人伝集成、すなわちヤコブス・ダ・ヴォラギネの『黄金伝説』によれば、マリアの両親、ヨアキムとアンナに関するエピソードがこの門の外側で起きた。ヨアキムはエルサレム神殿にささげ物をしようとしたところ、子どもを残していないという理由で奉納を断られた。恥ずかしさに、ヨアキムは 40 日羊飼いたちの元に身を隠した。一方、天使のお告げでアンナは身ごもっていることが分かった。天使はヨアキムにも同じことを告げた。そして二人は黄金の門の外で再会したというのである。こうして生まれたのがマリアだった。このテーマに関しては、イタリアのパドヴァのスクロヴェーニ礼拝堂に、ジョット作の素晴らしい一連のフレスコ画が描かれている。

外側

現在の黄金の門は、ウマイヤ朝カリフのアブド・アル・マリクが 7 世紀末ないし 8 世紀初頭に建設したものらしい。門は 8 世紀中に閉じられたようだ。十字軍は再び門を開け、枝の主日と十字架称賛の祝日の宗教行列に用いられた。

この門は慈悲の門とも呼ばれる。メシアがこの門から入ってくるとも、最後の審判の日に復活した正しい死者がこの門から入ってくるとも言われており（エゼキエル 44:1－3 参照）、それを恐れたオスマン朝のスルタンが 16 世紀に完全に門を閉じたとされている。

 その他のモニュメント　*Other Monuments*

神殿の丘の北側の壁内側には、いろいろなモニュメントがある。北西端辺りでは、マムルーク期の壁の下にはアントニア要塞の壁の跡が隠れている。付近に列柱廊の基部が残っているが、低い場所にある方は 7－10 世紀のもので、6 メートル高い方はヘロデ大王時代の列柱廊跡のようだ。

列柱廊の少し東側にはイサルディーヤ・マドラサ（1345 年以前）とアルマリキーヤ・マドラサ（1340 年）の二つのマムルーク期の学校の建物がある。近くにある八角形のクバト・スライマン（12－13 世紀）のある場所は、伝説によれば、神殿が完成した時ソロモンが祈った場所だという。

暗い門の内側にはスレイマン大帝による噴水、サビル・アル・スルタン・スライマン（1537 年）がある。そばにある四角の建物は 19 世紀のスルタン・マフムード 2 世が 1817－19 年に建設したものである。

神殿の丘西側の清めの門付近にあるサビル・カイトバイは 1485 年に黒海沿岸のチェルケスのスルタン・カイトバイが奉納した噴水である。そばにある建物はマドラサ・アシュラフィーヤで、1482 年にカイトバイの命令で建てられた学院である。このスルタンは 1475 年にエルサレムを訪問していた。学院の上の部分は 16 世紀に地震で崩壊し、その後修復されている。

清めの門は神殿の外にはつながっていない。門の外側には 1193 年に造られた公衆トイレがあるが、現存する最古の使用可能な公衆トイレだという。他に 1437 年に建てられたマドラサ・ウトマニーヤと、1476 年の巡礼宿リバト・ザマニもある。なお、清めの門のすぐ北にある綿商人の門は、ムスリム地区のマムルーク時代の建築で登場したエミル・タンキズが 1336 年に建設したものである。

7.　市壁と市門　*City Walls and City Gates*

市壁　*City Walls*

エルサレムの市壁

エルサレムほど市壁が変遷した都市も珍しいだろう。都市としての長い歴史の間、何度も市壁が変わっている。

ダビデ王が建設した市壁は、ダビデの町と呼ばれる、現在の市壁外にある一角を囲むものだった。これはダビデによる征服以前、カナン人、エブス人時代のエルサレム市域でもあった。ソロモン王時代に市壁は北に拡張し、神殿が市域に組み込まれた。

第一神殿時代の紀元前8－前7世紀頃には、さらに西側に市域が拡張した。現在のカルド・マクシムスに残っている市壁や塔はこの時代のものである。

バビロン捕囚後、前445－43年、ネヘミヤが市壁を復興する。人口が激減しており、市域はソロモン時代の市域と同じくらいまで後退した。

前2世紀のハスモン朝時代には第一神殿期を超えるほど市域は回復した。現在のアルメニア人地区、ユダヤ人地区、神殿の一部、シオンの丘などを含んでいた。

前1世紀前半のハスモン朝末期には、さらに市域が北側に拡大した。ヘロデ大王時代もハスモン朝末期と特に変わらない（ヘロデは市壁の拡張はしていない）。イエスの時代も基本的に同じである。現在の聖墳墓教会がある場所は依然として市壁外であった。

41－43年にはヘロデ・アグリッパ1世の下、市壁（第二の市壁）がさらに拡張され、現在のムスリム地区北東部を除く全地域とシオンの丘が市壁内に組み込まれた。ただし、この市壁が完成したのは第一次ユダヤ戦争期の66－70年である。北側にはさらに大きな市壁（第三の市壁）も建設されようとした。

70年のエルサレムの破壊時には、西側の一部を残してこれまでの市壁は壊された。この破壊が完成したのがハドリアヌス帝時代で、アエリア・カピトリナと呼ばれていた時代には、ローマの第十フレテンシス軍団の陣営の周壁だけが残された。ハドリアヌス時代の神殿や公共広場などは、市壁外にあったわけである。

第十フレテンシス軍団が3世紀末にアエリア・カピトリナを去ると、防衛の必要上市壁が復興された。この時の市壁は現在のものとほとんど同じ大きさであった。

コンスタンティヌス大帝によって、聖墳墓教会をはじめとするエルサレムの聖所が復興され、巡礼が増えてきた。5世紀になって皇后エウドキアはシオンの丘とダビデの町に市壁を拡張した。

638年にエルサレムはイスラーム領となる。キリスト教の巡礼は続いていたが、エルサレムの人口は減少していった。975年、ファーティマ朝のカリフのエル・アジズはエウドキアの拡張部分、すなわちシオンの丘とダビデの町を放棄することを決めた。

その後何度か市壁は破壊されるが、基本形はそれほど変わ

市壁の上

らなかった。現在の市壁は1537－40年にオスマン朝トルコのスレイマン1世が再建した市壁である。

ジャッファ門から市壁の上を歩くことができる。コースは北周りと南回りの二つである。神殿のところで途切れるため、一周はできない。終点まで行くほかに、途中の門で下りることもできる。朝から夕方まで開いているが、金曜は午前中のみ。土曜は開いていない。

市壁の外側には道があるので、外側を周ることもできる。この場合、神殿外側を含めて一周することができる。

ジャッファ門　*Jaffa Gate*

ジャッファ門（外側）

ジャッファ門はエルサレム市壁の西側に位置し、最大の市門である。ジャッファやテル・アヴィヴからの入口である。中世の巡礼も、多くがこの門から入市した。入り口の塔は中世のものだが、現在の入り口は1898年のものである。ドイツ皇帝ヴィルヘルム2世が自分の白馬でエルサレムに入市することに固執したため、オスマン朝のスルタンのアブドゥル・ハミト2世は、L字型をした古い市門（よって市門内で曲がらないと市内に入れない）と城塞（ダビデの塔）との間の市壁を壊して現在の入り口をつくった。ジャッファ門周辺には、ハスモン朝時代、ヘロデ大王時代の市壁の遺構も残っている。

新門　*New Gate*

1887年に設けられた一番新しい市門である。旧市街の北西端にある。外側にはトラムも走るハツァンハニム（Hatzanhanim）通りが走っている。市門外の西側には小さな考古学公園があり、ゴリアトの塔と呼ばれる塔の遺構がある。ダビデが巨人ゴリアトをこの場所で殺したという伝説があるためだが、実際には11世紀の塔である。

 ダマスクス門 *Damascus Gate*

ダマスクス門（外側）

ダマスクス門は北側の大きな門である。外側ではスルタン・スレイマン(Sultan Suleiman)通りに接する。1世紀のヘロデ・アグリッパ1世時代に創建され、ハドリアヌス時代にアエリア・カピトリナへのメインの門として再建された（3世紀末まで市壁はなかった)。旧カルドが通っていた門である。市門内ではエル・ワド通りとスーク・ハン・アル・ゼイト通りが走り、現在でも非常に重要な門である。

ダマスクス門の外側には、十字軍時代の聖アブラハム礼拝堂の遺構、十字軍時代の道路、中世の塔などがある。ハドリアヌス時代の公共広場の遺構もあるが、最近はほとんど開いていないようだ。

 ゼデキヤの洞窟 *Zedekiah's Cave*

ソロモンの洞窟とも呼ばれる。ダマスクス門外側の少し東側にあり、ムスリム地区の地下に広がっている。ソロモンが神殿建設に用いたものだと

ゼデキヤの洞窟の内部

も、前6世紀初めのユダ王国最後の王（すなわちバビロン捕囚時の王）ゼデキヤのものだとも、ヘロデ大王時代のものだとも言われるが、非常に古い石切り場跡である。

朝から夕方まで開いているが、金曜は午前中のみ。土曜も開いているが、切符は事前に買っておかなければいけない。出口はムスリム地区内にある。迷わないように注意。

 ヘロデ門　*Herod's Gate*

ヘロデ門はダマスクス門の東にあり、ムスリム地区に入る門である。門の中にあったマムルーク時代の建物を、巡礼がヘロデ・アンティパスの宮殿だと思い込んだことから名前が来る。ヘロデ門内側の道は、横道にそれると入り組んでいて迷いやすいので注意したい。ヘロデ門の内側で左右に分かれる道は、いずれもまっすぐ行くと鞭打ち修道院近くに出る。

獅子門（外側）

 獅子門　*Lions' Gate*

門外側にあるギリシア正教の教会にちなんで聖ステファノ門とも呼ばれる。ヴィア・ドロローザの続き、聖アンナ教会付近にある。門の外側にはオリーブ山が広がっている。マムルーク朝のスルタンのバイバルス（在位1260－77年）の紋章である獅子の浮き彫りが門に飾られているため、このように呼ばれる。

ダン門　*Dung Gate*

ダン門は神殿の南側にある門である。ダンとは英語で糞のことである。この名称はネヘミヤ記2:13に登場する。名称の由来は、この門からごみや糞などの汚いものを運び出していたからである。

皮なめし職人の門　*Tanners' Gate*

ダン門のすぐそばにある。かつて門の内側に家畜市場があり、そばに皮なめし工房が集まっていたからである。

ベイト・シャロム考古学公園 *Beit Shalom Archaeological Garden*

ダン門、皮なめし職人の門とシオン門の間の市壁沿いには、ヘロデ大王時代の水道橋、ビザンツ時代の巡礼宿、ユダヤの儀式用浴室（ミクヴェー）、ファーティマ朝時代の市壁（11世紀）、アイユーブ朝時代の塔（1212年に建設され、1217年に破壊された）などがある。最後のアイユーブ朝時代の塔の遺構は市壁の内側にもあり、カルドの南端部にあった市門である。内側の門遺構付近には十字軍時代の遺構や、ネア貯水槽（549年、ビザンツ期）などもある。

シオン門　*Sion Gate*

シオン門（外側）

市壁の南西端にあり、アルメニア人地区からシオンの丘に抜ける門である。現在の門は1540年のもの。

ダビデの塔　*Tower of David*

ダビデの塔と呼ばれる城塞は、ジャッファ門の内側にある。この周辺に居住地ができたのは前7世紀のことだが、市壁に組み入れられたのは前2世紀、ハスモン朝時代である。前1世紀後半のヘロデ大王時代に城塞が築かれた。城塞の南側にはヘロデの宮殿も建てられた。

城塞がダビデの塔と名付けられたのはビザンツ時代である。正確には、城塞の大きな塔がダビデの塔と呼ばれていた。19世紀には北西端にあるミナレットがダビデの塔と呼ばれるようになった。

城塞は8世紀頃再建された。十字軍時代は、1128年以降エルサレム王の居城として機能していた。1310年、マムルーク朝のスルタンのアル・ナジル・ムハンマドが再建したのが、現在の城塞である。16世紀にオスマン朝のスレイマン1世が入り口の門を再建した。

城塞の入り口

城塞内にはさまざまな時代の遺構が

残っている。前8世紀の石切り場、ハスモン朝時代の市壁や塔、ヘロデ大王時代の塔、1世紀のローマ時代の塔、ビザンツ時代の壁や貯水槽、アラブ支配後の7－8世紀の丸い塔、十字軍時代の壁やホール、そしてマムルーク朝時代の建物である。北東にあるヘロデの塔からは、城塞内部やエルサレム旧市街の眺めを楽しむことができる。

城塞の内部

塔の上からの眺め。左から聖墳墓教会、贖い主教会、岩のドームなどが見える。右奥はオリーブ山。

城塞の内部はエルサレム歴史博物館になっている。カナン時代、バビロン捕囚、第二神殿時代、ローマ時代、イスラーム時代、十字軍時代、マムルーク朝、オスマン朝、イギリス統治、そして現代と、エルサレムの歴史を学ぶことができる。地下には1873年に制作されたエルサレムの500分の1模型もある。

朝から夕方まで開いているが、金曜とユダヤの祝日の前日は早く閉まる。土曜は開いていない。

8.　シオンの丘　*Mount Sion*

シオンの丘は、本来東の丘を意味し、アブラハムがイサクをささげようとしたモリヤ、つまりソロモン王が神殿を建てた神殿の丘を指していた。サムエル記下 5:7 にも、「しかしダビデはシオンの要害を陥れた。これがダビデの町である」とある。これが 4 世紀以降になると西側の丘を指すようになった。

これは、ミカ書の勘違いが原因になっているともいう。ミカ書 3:12 に「それゆえ、お前たちのゆえに／シオンは耕されて畑となり／エルサレムは石塚に変わり／神殿の山は木の生い茂る聖なる高台となる」とあるが、シオン＝神殿の山であるのに、別な場所であると勘違いしたのだという。

シオンの丘は、現在のアルメニア地区の南側、シオン門の外側にある。シオン山とも言う。

シオンという言葉はエルサレム、さらにはイスラエルを指す言葉にもなった。19 世紀末－20 世紀初頭以降のシオニズムも、こうした意味で使われている。

この地域は、ハスモン朝やビザンツ時代の市壁内に取り込まれていたが、ファーティマ朝時代の 10 世紀末以降市壁外となった。オスマン朝のスレイマン 1 世の市壁内にも取り込まれることはなかった。スレイマン大帝はシオン地区を市壁内にしようと考えていたらしいのだが、エルサレムの当局はキリスト教の建物である最後の晩餐の間を市壁内に含めるためだけに市壁を拡張するのに反対し、フランシスコ会に市壁拡張の費用を分担させようとした。当のフランシスコ会にはお金もなく、結局市壁外に置かれることになる。スレイマン大帝は怒って市壁の建築家らを処刑させたという伝説がある。

最後の晩餐の間とダビデ王の墓
The Cenacle and the Tomb of David

一同が食事をしているとき、イエスはパンを取り、賛美の祈りを唱えて、それを裂き、弟子たちに与えながら言われた。「取って食べなさい。これはわたしの体である」。また、杯を取り、感謝の祈りを唱え、彼らに渡して言われた。「皆、この杯から飲みなさい。これは、罪が赦されるように、多くの人のために流されるわたしの血、契約の血である」（マタイ 26:26－28）。

ダビデ像

シオン門から南に向かうと、道が三つに分岐する。真ん中の道を行けば最後の晩餐の間と、ダビデ王の墓に着く。これらは同じ建物だが、入り口が違う。

ダビデ王の墓は本来東の丘、すなわち神殿の丘にあった。ビザンツ期以降、ダビデ王の墓がこの場所にあると考えられるようになった。

フランシスコ会が 1335 年にこの場所に修道院を建てた。15 世紀になると、ダビデ王の財宝が眠っているのではないかという伝説が生まれ、それをねらったムスリムたちに 1523 年フランシスコ会は追放された。1948 年以降、今度はユダヤ教がこの場所を管理している。

最後の晩餐の間入り口

建物の地下にはローマ時代、ビザンツ時代、十字軍時代の遺構があり、一番古い部分は 2 世紀にさかのぼる。4 世紀に使徒たちの教会として再建された（5 世紀には全教会の母であるシオン教会となった）。614 年と 965 年に火災に遭った。

中庭

最後の晩餐の間

現在の建築は先に述べた1335年のフランシスコ会による再建時のものである。

最後の晩餐の間であると考えられるようになったのは5世紀以降である。ただし、この場所が本当に最後の晩餐の場所であるか確証はない。シリア教会は聖マルコ教会を最後の晩餐の場所としている。

マルコによる福音書14:15によれば、最後の晩餐は二階で行われた。一方、使徒言行録の1:13と2:1から、聖霊降臨（ペンテコステ）も上の間で起こったと分かる。これらから、両者は同じ部屋で起こったとされている。

最後の晩餐の間へは、階段を上がる。中は円柱で二つに分けられている。ミフラーブはムスリム時代に付け加えられた部分である。テラスに上がれば眺めを楽しむこともできる。

最後の晩餐の間

最後の晩餐の間の下にはダビデ王の墓

ダビデ王の墓

がある。最初に入り口が違うと述べたが、最後の晩餐の間を訪れた後でこちらを訪れることもできる。内部は男女別に分かれている。シナゴーグと同様に、男性はキップールを被り、女性はスカーフで髪や肩を覆わなければいけない。

最後の晩餐の間は朝から夕方まで開いているが、金曜のみ午前だけ。ダビデ王の墓は日曜から木曜まで、朝から夕方まで開いている。

聖母の御眠(おんねむ)り大修道院　*Dormition Abbey (Abtei Dormitio)*

聖母の御眠り大修道院の外観

シオン門南側の分岐を右に行くと着く。聖母はイエスの死後、シオン山で暮らしたという伝承がある。聖母の死は、聖母の御眠りと言われる。死後マリアは天に上げられ（聖母被昇天）、キリストから冠を受けた（聖母戴冠）。この教会は聖母の死を記念している。

教会と修道院は1910年、ドイツ皇帝ヴィルヘルム２世が建てたもので、現在までドイツ系のベネディクト会修道院となっている。皇帝自身はプロテスタントだったが、教会はカトリックである。1948年の第一次中東戦

教会

地下聖堂

争と1967年の第三次中東戦争（6日間戦争）時に一部破壊され、その部分は再建されていない。

教会は円形プランで、後陣の聖母子モザイクが美しい。床にも12星座や預言者などのモザイクがある。地下にはクリプタもあり、聖母の墓が中央にある。

教会は毎日午前と午後に開いている。日曜のミサはドイツ語で行われる。売店も充実している。かつてはカフェがあり、ドーミション・ケーキが名物だったが、最近はカフェを閉めてしまったようだ。

 ガリカントゥの聖ペトロ教会 *St. Peter in Gallicantu*

「はっきり言っておく。あなたは今夜、鶏が鳴く前に、三度わたしのことを知らないと言うだろう」（マタイ26:34）。

ガリカントゥの聖ペトロ教会は、シオン門を出て、最後の晩餐の間の方ではなく、門のすぐ外のハティヴァト・エツィオニ（Hativat-Etzioni）通りを左に行き、ハティヴァト・イェルシャライム（Hativat-Yerushalayim）通りを渡ってそのまままっすぐメルキセデク（Melchizedek）通りを行くと着く。シオンの丘の中腹である。

ガリカントゥとは、鶏が鳴くという意味である。最後の晩餐の途中（ルカ、ヨハネ）、または晩餐後オリーブ山で（マタイ、マルコ）、イエスはペトロの離反を予告した。雄鶏が朝を告げて鳴く前に、ペトロが三度イエスを否認するだろうというものだった。ペトロは即座にそれを否定した（マタイ 26:30－35、マルコ 14:26－31、ルカ 22:31－34、ヨハネ 13:36－38 参照）。

聖ペトロ教会の外観

オリーブ山のふもとのゲッセマネの園で祈りをささげた後、イエスは、イスカリオテのユダの裏切りで大祭司らの手勢によって逮捕されてしまう。イエスは大祭司カイアファの家に連れていかれる。

ペトロは少し離れてそれを追いかける。大祭司カイアファの家の中庭にペトロが座っていると、イエスの仲間ではないかと見とがめられた。三度問いかけられ、ペトロは三度否定した。するとその時、雄鶏が鳴いた。少し前にイエスに言われた言葉を思い出し、外に出てペトロは激しく泣いた（マタイ 26:58 および 26:69－75、マルコ 14:54 および 14:66－72、ルカ 22:54－62、ヨハネ 18:16－18 および 18:25－27 参照）。

伝承によれば、この場所にカイアファの家があったとされる。5 世紀半ばに修道院が建てられたが、675 年くらいのある文書は、この修道院の場所とカイアファの家を同定している。一方、アルメニア教会の伝統では、シオン門のすぐ外側にあるアルメニア修道院内の家がカイアファの家だったとされている。そちらは一般公開していない。

5 世紀教会は 11 世紀初めに破壊された。その後 12 世紀初頭にガリカン

聖ペトロ教会の上堂

トゥの聖ペトロ教会として十字軍が再建したが、これも1320年に破壊された。現在の教会は1931年に再建されたものである。教会堂の中に入ってすぐ、下の方に5世紀のビザンツ時代のモザイク(5世紀教会の床モザイクと考えられる) があり、壁にも大地の女神のガイアなどが描かれるビザンツ期のモザイクが飾られている。上堂はギリシア十字プランで、モザイク装飾が美しい。

階段を下りると下堂に出る。下堂ではペトロの否認などの聖画が飾られている。一部は石灰岩がむき出しになっている。穴が開いており、下の「牢獄」につながっている。この穴には、ビザンツ時代に三つの十字架が刻まれている。

さらに下の層があり、「牢獄」と呼ばれている。これは複数の層からなり、迷宮のようになっている。

地下の石切り場

聖なる階段

教会を出ると、聖なる階段がある。「聖なる」階段なのは、イエスがその上を歩いたと信じられているからである。第一神殿期の階段と考えられている。ビザンツ期の修道院遺構は現在の教会の外側にも広がっている。上の方にビザンツ期のエルサレムの模型もある。

ビザンツ期のエルサレムの模型

教会は日曜以外の午前と午後に公開している。フランス系のカトリックの主の昇天会が管理している。売店もある。

9.　ダビデの町とキドロンの谷

The City of David and the Kidron Valley

ダビデの町　*City of David*

王とその兵はエルサレムに向かい、その地の住民のエブス人を攻めようとした。エブス人はダビデが町に入ることはできないと思い、ダビデに言った。「お前はここに入れまい。目の見えない者、足の不自由な者でも、お前を追い払うことは容易だ」。しかしダビデはシオンの要害を陥れた。これがダビデの町である（サムエル下 5:6－7）。

ダビデの町はダン門の外側、ちょうど神殿の丘の南側にある。イスラエル王国第二代の王ダビデはエブス人の町を落とし、市壁を築いてここを居城とした。これがエルサレムの起源である。ダビデ王当初のエルサレムは非常に小さなものだった。ダビデ王は神との契約の箱をダビデの町に移すが、時代のソロモン王が神殿を築き、この神の箱は以後、神殿に安置されることになる。

ダビデの町

ダビデの町のうち、アクロポリスと呼ばれる部分にはダビデより古い前 13 世紀の壁がある。段のある斜堤は前 10 世紀のものであり、ダビデ王の宮殿の基礎と考えられる。前 7 世紀半ばのアヒエルの家と呼ばれる遺構もある。建物の遺構の間に穴のあいた小さな部屋があるが、これは当時のトイレと考えられている。焼かれた跡のある家の遺構もあって、これは列王記下 25:9 にあるような、前 586 年のバビロニア王ネブカドネザルによるエルサレム陥落の際に焼かれたものではないかと考えられている。前５世紀のネヘミヤ王（ネヘミヤ3:1－32）の市壁の跡は見つかっていないが、前２世紀のハスモン朝時代の市壁や塔の下にあると考えられている。

アクロポリスより下側には、前18世紀のエブス人の市壁が残っている。ダビデ王もこの市壁を使い続けた。前８世紀、より内側に別の市壁が設けられた。この市壁は前586年に破壊されたが、遺構が残っている。より南側には墓地があり、ユダ王国の王が埋葬されたと考えられている。古い石切り場も周辺にある。前２世紀、ハスモン朝時代の市壁や丸い塔も残されている。

ウォレンの立て坑

アクロポリスの下の辺りから地下に入ることができる。トンネルを下っていくと、ウォレンの立て坑と呼ばれる場所がある。イギリスの探検家にちなんで名づけられた立て坑は、岩の間に掘られたトンネルである。サムエル記下5:8に出てくる水くみのトンネルがこれであるかもしれない。この立て坑の底にはギホンの泉から湧き出た水の貯水槽がある。

カナン人のトンネル

ギホンの泉の先で道は二手に分かれる。左手にあるのはカナン人のトンネルで、パレスティナ地方の先住民であるカナン人たちが前1200年頃建設した。長さ120メートルほどで、明かりがついている。もう一つはヒゼキヤ王（前８

ヒゼキヤ王のトンネル

世紀末）のトンネルで、列王記下 20:20、また歴代誌下の 32:2−4 および 32:30 にあるように、ソロモン王が 930 年頃に造ったトンネルをヒゼキヤ王がせきとめ、新しい水道トンネルを掘った。ソロモンのトンネルは当時の市壁外にも水を供給していたが、アッシリア王センナケリブが攻めてきたため、敵に水を与えまいと行われた工事である。

538 メートルの長さの、水の流れるヒゼキヤのトンネルの中を歩くことができる。内部に照明がないので懐中電灯が必要なこと、また水はおおむねくるぶしぐらいの深さだが、最初と最後に深い場所があり、膝上まで濡れるので（水深 70 センチくらい、ただし水量が多いともっと深くなる）、サンダルと濡れてもよい服か着替えが必要である。トンネルは狭く一方通行で、通り抜けるのに 45 分から 1 時間くらい要するので、自信がない場合は、無理にヒゼキヤのトンネルに入らず、カナン人のトンネルで出てしまう方がよい。

ヒゼキヤのトンネルを抜けた先はシロアムの貯水池である。ヘロデ時代の貯水池は 70 年に破壊され、ハドリアヌス帝時代の 135 年に再建された。イエスが盲人を癒やした（ヨハネ 9:1−41 参照）ことから、450 年頃、エウドキアが教会を建てた。この教会は 614 年にペルシア人によって破壊された。

キドロンの谷　*Kidron Valley*

わたしは諸国の民を皆集め／ヨシャファト（主の裁き）の谷に連れて行き／そこで、わたしは彼らを裁く。わたしの民、わたしの所有であるイスラエルを／彼らは諸国の民の中に散らし／わたしの土地を自分たちの間に分配したからだ（ヨエル 4:2）。

キドロンの谷はオリーブ山のふもと、またダビデの町のすぐ下にある谷

キドロンの谷

である。谷はワディ（涸れ川）で、通常は乾いた谷だが、雨季に川となる。雨季ともなると、エルサレムから死海まで、高低差1,200メートルを奔流が下っていく。

キドロンの谷は、ヨエル書（4:2、4:12）のヨシャファト（イェホシャファト、主の裁き）の谷と考えられている。メシアがエルサレムとユダの繁栄を回復する時、神が諸国の民を裁く（最後の審判）とされる場所である。なお、ゼカリヤ書14:4では、オリーブ山が二つに分かれて谷ができ、ここで審判が起こるとされている。

神殿の丘の外側からオリーブ山の中腹にかけて墓地が広がっている。ユダヤ、キリスト教、ムスリム墓地がある。キドロンの谷にも墓地が広がっている。谷には、近現代の墓地だけでなく、古代の墓地もある。

古代ユダヤの墓は入り口が狭い。通常、石で入り口は閉ざされていた。野獣に遺体が荒らされないためである。岩の中に墓室がいくつも掘られる。死者が埋葬されると数年の間墓室内に安置し、完全に白骨化すると骨箱に入れて別の墓室に埋葬しなおしていたという。

アブサロムの墓

谷の入り口側（オリーブ山側）にある白くて四角い墓はアブサロムの墓と呼ばれる。壁面には付け柱がつけられ、丸い屋根には細長いドームがついている。建物の裏側にも岩の中に墓が彫

ザカリアの墓（ベネ・ヘジルの墓）

られている。

アブサロムはダビデ王の息子である。サムエル記下18:18によれば、アブサロムは生前、王の谷に自分のための石柱を立てていた。キドロンの谷のこの墓がアブサロムの墓と見なされるようになったのは12世紀後半になってからのことである。この墓が建設されたのは前1世紀後半のことであり、墓は、実際にはアブサロムの墓ではない。

アブサロムの墓の先にあるのはザカリアの墓と呼ばれる。イオニア円柱の付け柱にピラミッド型の屋根を持つ墓である。墓の左側に墓室が広がっており、ドーリア円柱と梁も見えるが、これらも同じ墓に属する。梁にあるヘブライ語の碑文によれば祭司のベネ・ヘジル（歴代誌上24:15のヘジルの子孫）家に属する。前2世紀後半に建設された。

少し奥に行って斜面を上った場所にある、現代の建物の真下にある墓はファラオの娘の墓と呼ばれる。列王記上3:1のソロモンの妻であるファラオの娘の墓だとされているが、もちろん根拠はない。

ファラオの娘の墓

ファラオの娘の墓の上にある集落はシルワンの村と呼ばれる。村は鉄器時代（第一神殿時代）の墓の上にある。シェブナの墓と呼ばれる墓もある。シェブナはヒゼキヤ王の書記官で、アッシリア王センナケリブがエルサレムを攻めてきた時に交渉役としてヒゼキヤ王が送った者の一人である（列王記下 18:18、イザヤ 22:15、36:3－22 および 37:2 参照）。ほかにもいくつか墓はあるが、シルワンの集落内は治安があまり良くないので、訪問はあまり勧められない。

キドロンの谷をさらに進むと、王の園（列王記下 25:4）がある。ダビデの町の直下である。さらに進むとシロアムの池、そして列王記上 1:9 のエン・ロゲルがある。

 ヒンノムの谷　*Hinnom Valley*

ヒンノムの谷の墓地

そのころ、イエスを裏切ったユダは、イエスに有罪の判決が下ったのを知って後悔し、銀貨三十枚を祭司長たちや長老たちに返そうとして、「わたしは罪のない人の血を売り渡し、罪を犯しました」と言った。しかし彼らは、「我々の知ったことではない。お前の問題だ」と言った。そこで、ユダは銀貨を神殿に投げ込んで立ち去り、首をつって死んだ（マタイ 27:3－5）。

ヒンノムの谷はシオンの丘およびダビデの町の南側にある谷である。その東端でキドロンの谷とつながっている。エルサレムでいちばん低い場所である。

ヨシュア記 15:8 に登場するヒンノムの谷はゲ・ヒンノム、ギリシア語でゲヘンナと言う。マタイ 5:22 の「火の地獄」、ユダヤのミシュナーのアボト 5:19「破壊の穴」からも分かるように、ユダヤ教からもキリスト教からもいわゆるゲヘナ（地獄）と見なされてきた。

ヒンノムはトフェト（「焼きつくす者」）の場所で、モレク神の祭壇があり、子どもたちが生きながら焼かれて犠牲にささげられていた（列王記下23:10）。エレミヤ書 7:31－33 にも同様の記述がある。

人身御供や地獄といった血なまぐさいイメージの谷だが、もう一つこの谷を陰鬱なものにしているものがある。4 世紀のカエサレア司教エウセビオス（有名な『教会史』の著者）によれば、「陶器職人の畑」、すなわちアケルダマ（「血の土地」「血の畑」）はこのヒンノムにあったという。

イスカリオテのユダは銀貨 30 枚でイエスを売った。その後ユダは後悔し、銀貨を祭司長らに返そうとし、イエスを釈放しようと頼みこんだ。祭司長らは取り合わなかった。ユダは神殿に銀貨を投げ込み、首をつって死んだ。血の代金である銀貨は神殿に奉納するわけにいかず、祭司たちはこの金で陶器職人の畑を買い取り、外国人向けの墓地にした（マタイ 27:3－10 参照）。

使徒言行録では、イスカリオテのユダは血の代金で土地を買ったのだが、その地面に落ちて死んだとある。土地はアケルダマ、「血の土地」と呼ばれるようになった（使徒言行録 1:18－19 参照）。

アケルダマ修道院

ヒンノムの谷の斜面には、オリーブ畑の間に古い墓（ヘロデ大王時代、またはそれ以前）が散在している。ユダの自殺の場所は聖オノフリオス修道院の敷地内とも、もっとキドロンの谷に近い山の斜面とも言われている。

ユダの自殺の場所はキドロンの谷に近いこの辺りとも言われている。

10.　オリーブ山　*The Mount of Olives*

オリーブ山はエルサレム旧市街の東側にある丘である。周辺は一面墓地で覆われている。死者の復活と最後の審判はこのオリーブ山か直下のキドロンの谷で起こると考えられていた。後代の伝説では、メシア、そして復活した正しい者が黄金の門を通ってエルサレムに入ると信じられた。

山はそれほど高くないが、上りの坂道は結構きつい。4世紀の巡礼のエゲリアがこぼしているとおりである。上からは神殿の丘や聖墳墓教会をはじめ、エルサレム旧市街が見渡せる。

マリアの墓　*The Tomb of the Virgin*

入り口

イエスは、母とそのそばにいる愛する弟子とを見て、母に、「婦人よ、御覧なさい。あなたの子です」と言われた。それから弟子に言われた。「見なさい。あなたの母です」。そのときから、この弟子はイエスの母を自分の家に引き取った（ヨハネ19:26－27）。

オリーブ山の入り口左手に立つのがマリアの墓である。オリーブ山のふもとのこの一帯はゲツセマネの園と呼ばれる。

新約聖書では、聖母マリアの死について何も触れられていない。2－3世紀頃とされる逸名著作家による『マリアの死について』によれば、マリアはシオンの丘で亡くなり、ヨシャファトの谷に葬られたとされている。

6世紀後半には現在地に教会が建てられたが、614年のペルシア人の侵入により破壊された。その後すぐに再建されたらしく、670年には教会の目撃証言がある。1009年にハキムによって再度破壊され、1130年にベネディクト会によって再建された。1187年、サラディンは上堂を破壊し石を市壁の補修に再利用したが、地下聖堂は装飾をはがすにとどめた。

教会のファサードと長い階段は12世紀のものである。長い下り階段の途中、右側にあるのは十字軍のエルサレム女王メリサンドの墓である。1131年の父王ボードゥアン2世の死後、夫のアンジュー伯フルク5世（エルサレム王フルク1世）と共同統治するが、1143年に夫が没すると、1160年まで女王としてエルサレムを単独統治した人物である。メリサンド女王の墓の反対側（階段下に向かって左側）にはエルサレム王ボードゥアン2世の家族の墓もある。

階段を下りきると、ビザンツ時代の地下聖堂に着く。ビザンツ時代の出入り口が二カ所左側にある。正面側はビザンツ期よりずっと古い、オリジナルの地下墓地への出入り口である。

右側に行くと、独立した小さな構造物がある。これが聖母マリアの墓とされている。墓はもちろん——聖墳墓教会のアナスタシスと同様に——空っぽである。マリアの墓の左側の壁のくぼみの奥には1世紀の墓もある。

マリアの墓の右側にはミフラーブがある。預言者ムハンマドが夜の旅行を行ってエルサレムに着いた時、マリア（アラビア語ではマルヤム）の墓の上に光を見たとされ、ムスリムにとっても聖なる場所だったからである。

マリアの墓

マリアの墓はギリシア正教会が管理している。教会は毎日、昼休みをはさんで午前と午後に開いている。

 諸国民の教会　*The Church of All Nations*

諸国民の教会の正面

「アッバ、父よ、あなたは何でもおできになります。この杯をわたしから取りのけてください。しかし、わたしが願うことではなく、御心に適うことが行われますように」（マルコ 14:36）。

聖母マリアの墓の向かい側に、諸国民の教会はある。ゲツセマネの園はこの辺りであった。最後の晩餐の後、イエスはペトロと大ヤコブ、ヨハネの三人の弟子を連れて、オリーブ山のふもとにあるゲツセマネの園で祈った（マタイ 26:36－46、マルコ 14:32－42、ルカ 22:39－46）。この直後、イエスは逮捕されることになる。

379 年と 384 年の間に、コンスタンティヌス以前のエルサレムのキリスト教コミュニティーがイエスのゲツセマネの祈りを記念していた場所に教会を建てた。教会は、8 世紀半ば頃に地震で倒壊したらしい。十字軍は 1170 年頃に教会を再建した。この教会も、14 世紀前半に放棄されたようだ。現在の教会は 1924 年に再建されたものである。

ゲツセマネのオリーブ古樹

教会の庭園のオリーブの木は太く、ものすごく古いように見える。実際、オリーブは長寿な木で、何千年も生きるとされる。ただ、70年のローマ軍によるエルサレム攻囲の際にゲツセマネ周辺のオリーブは燃料として用いられた可能性が強く、これらのオリーブは、イエスの時代にあったものではないかもしれない。

現在の教会の両側には、4世紀のビザンツ教会の遺構が残っている。十字軍時代の遺構も、現在の教会の右側に残っている。

教会内部には、ビザンツ時代の床モザイクが残っている。主祭壇前にある岩は、イエスが祈った場所とされている。後陣部分の壁面装飾は、福音書のゲツセマネの情景を描いている。

主祭壇前の岩

教会はフランシスコ会の聖地管理局が管理している。毎日、昼休みをはさんで午前と午後に開いている。

 マグダラの聖マリア教会　*The Church of St. Mary Magdalen*

イエスが、「マリア」と言われると、彼女は振り向いて、ヘブライ語で、「ラボニ」と言った。「先生」という意味である（ヨハネ 20:16）。

諸国民の教会からオリーブ山に上る道は三つあるが、右側の道を行くのが一般的である。このマグダラの聖マリア教会も、ドミヌス・フレヴィット教会も、預言者たちの墓も、この通り沿いにあるからである。マグダラの聖マリア教会は諸国民の教会からすぐの場所にある。

マグダラの聖マリアは、実は福音書に登場する三人の人物からなる。ガ

マグダラの聖マリア教会の外観

リラヤ湖畔のマグダラ（ミグダル）出身のマリアと、罪の女（ヨハネ8:3－11参照）、そしてベタニアのマリア（ルカ10:38－42、ヨハネ12:1－8参照）である。もともと別の人物であったこの三人が、いつしか同じ人物と見られるようになった。

マグダラのマリアは、特にイエスの死と復活のシーンで重要な役割を占めた女性である。イエスが十字架につけられた時、ほかの女性たちとそれを遠くから見ていた（マタイ27:56、マルコ15:40、ヨハネ19:25、直接名前は挙げられてないがルカ23:49「ガリラヤから従って来た婦人たち」参照）。

イエスの復活を暗示する空の墓を発見したのは、マグダラのマリアほか女性たちだった（マタイ28:1－10、マルコ16:1－8、ルカ24:1－12、ヨハネ20:1－10参照）。復活したイエスは、園の中でイエスの死を泣いているマグダラのマリアの前に姿を表す（ヨハネによる福音書20:11－18、より簡単な形でマルコ16:9－11参照）。

マグダラの聖マリア教会は、ロシア皇帝アレクサンドル3世が、母后マリア・アレクサンドロヴナのために1888年に建設した。金色に塗られたドームは遠くからも目立つ。教会はギリシア十字プランの建築で、イコン（聖画）が多く飾られている。

教会はロシア正教会の修道院である。火曜と木曜の10時から12時まで開いている。

 ドミヌス・フレヴィット *Dominus Flevit*

エルサレムに近づき、都が見えたとき、イエスはその都のために泣いて、言われた。「もしこの日に、お前も平和への道をわきまえていたなら……。しかし今は、それがお前には見えない。やがて時が来て、敵が周りに堡塁(ほうるい)を築き、お前を取り巻いて四方から攻め寄せ、お前とそこにいるお前の子らを地にたたきつけ、お前の中の石を残らず崩してしまうだろう。それは、神の訪れてくださる時をわきまえなかったからである」（ルカ 19:41－44）。

ドミヌス・フレヴィット教会の外観

ゲッセマネの園を過ぎ、三つに分かれる細い道のうち、いちばん右側の道を取る。ロシア正教会のマグダラの聖マリア修道院を過ぎ、きつい坂道を上っていくと、左側にドミヌス・フレヴィット教会がある。名前の由来は、「主が泣かれる」という意味のラテン語である。

過越祭が近づいてきた時、イエスは弟子たちを連れてエルサレムに入る。ベトファゲで借りてきた子ろばに乗ってエルサレムに入るイエスを民衆は熱狂的に出迎えた。エルサレムの町に入る直前、都を見下ろすオリーブ山の中腹で、イエスはこの町の運命を思い、涙を流した。やがて時が来ればこの町も破壊されるだろう、と。

現在も墓地が広がる場所だが、この周辺は古来墓地として利用されてきた。教会の周辺には、考古学調査により、前 1600－前 1300 年頃、前 100 年－後 135 年頃、200－400 年頃の墓地があったことが分かっている。

門から入って最初の二つの墓地は前 100 年－後 135 年頃のものである。135 年、ハドリアヌスはユダヤ人がエルサレムに入ることを禁止したため、墓地も一旦使われなくなった。骨箱にある XP に似た印は、キリスト

墓地の骨箱

のモノグラムではなく、「封印された」ことを意味している。三つ目は3－4世紀の墓地である。四つ目の墓地ははるかに古く、前16－前14世紀頃のエブス人（エルサレムの先住民）の墓地である。

教会は1955年に建てられたものである。7世紀後半の礼拝堂の床モザイクが、現在の教会の外にも、中にも残されている。教会はまっすぐ、神殿の丘および聖墳墓教会の方を向いている。教会前のテラスからも、エルサレムの旧市街がよく見渡せる。

ビザンツ期の床モザイク

教会はフランシスコ会の聖地管理局が管理している。毎日、昼休みをはさんで午前と午後に開いている。

預言者たちの墓　*Tombs of the Prophets*

託宣。マラキによってイスラエルに臨んだ主の言葉。わたしはあなたたちを愛してきたと主は言われる。しかし、あなたたちは言う／どのように愛を示してくださったのか、と（マラキ 1:2）。

預言者たちの墓の内部

ドミヌス・フレヴィット教会からさらに上ると、道は階段になる。階段の途中、右側に預言者たちの墓はある。

中世のユダヤの伝統によると、ここにある墓は前 6－5 世紀の預言者、ハガイ、ゼカリヤ、マラキの墓だとされる。墓は前 1 世紀以降見られるタイプなので、実際にはこれらの預言者の墓ではない。

入り口に丸い空間があり、この空間を半円状に三重の狭いトンネルが囲むようなプランをしている。実際にはそれほど大きくはないが、暗いので広く感じることだろう。

地下墳墓には電気がないので、懐中電灯が必要である。月曜から金曜の朝から午後まで公開している。

主の祈り教会　*Church of Pater Noster*

「だから、こう祈りなさい。『天におられるわたしたちの父よ、御名（みな）が崇（あが）められますように。御国（みくに）が来ますように。御心（みこころ）が行われますように、天におけるように地の上にも。わたしたちに必要な糧（かて）を今日与えてください。わたしたちの負い目を赦してください、わたしたちも自分に負い目のある人を赦しましたように。わたしたちを誘惑に遭わせず、悪い者から救ってください』」（マタイ 6:9－13）。

回廊

預言者たちの墓のすぐ先で階段を上りきると、自動車の通れる通りに出る。これを左に曲がり、坂を上がっていくと交差点があるが、この付近の右側に主の祈り教会がある。

パーテル・ノステルとは、「主の祈り」の最初の2語である「私たちの父」のラテン語名である。「主の祈り」はイエスが私たちに教えた祈りで（マタイ6:9－13、ルカ11:2－4参照）、キリスト教徒にとって最も大事な祈りの一つである。

新約外典のヨハネ行伝（3世紀）によれば、オリーブ山にイエスが弟子たちに教えた洞窟があったとされている。オリーブ山で弟子たちに教える情景は、マタイ24:3－26:2にも見られる。コンスタンティヌス大帝の母ヘレナが、この洞窟の上に教会を建てたが、ボルドーの巡礼がこれを見ていたことから、333年には完成していたようだ。

384年にエルサレムに滞在していたエゲリアは、この教会を「エレオナ（オリーブの）」と呼んでいる。エゲリア『巡礼記』によれば、「枝の主日」には、このエレオナから聖墳墓教会まで宗教行列が行われていた。なお、7世紀から11世紀までにも、聖木曜日の夜に宗教行列が行われていたようだが、出発点はやはりこのエレオナだった。これらは後に十字架の道行きに発展していく。

コンスタンティヌス以前のエルサレムのキリスト教の伝統では、イエスが弟子たちに教えた洞窟は主の昇天も記念していた。4世紀末のエゲリアの時代には、主の昇天の場所はさらに丘の上だと考えられるようになっていたため、この場所はマタイに見られるイエスの教えの場所のみを記念する場所になっていた。

614年のペルシア侵攻で教会は破壊された。しかし、イエスの教えの場であるという記憶は残った。やがて新しい伝統が生まれた。ルカ10:38－

11:4の記述を元に、イエスが弟子たちに「主の祈り」を教えた場所だと考えられるようになったのである。ルカには「イエスはある所で祈っておられた」（ルカ11:1）としか書かれていないが、ベタニアのマルタとマリアの話のすぐ後で述べられているため、ベタニアとエルサレムの神殿の間にあるこの場所と結びつけたのだろう。一方で、マタイ6:9－13は有名な山上の説教の中にこの祈りを入れているので、その場合はガリラヤ地方で起こったことになる。

十字軍は1106年、廃虚の上に礼拝堂を再建した。その少し前の1102年に、ある巡礼がヘブライ語で刻まれた「主の祈り」の大理石碑文についての話を聞いている。1170年には、主祭壇の下にギリシア語で「主の祈り」が刻まれているのを一人の巡礼が見ている。発掘でラテン語の「主の祈り」も見つかっている。

十字軍の礼拝堂は1152年に教会堂に改築された。教会は1187年に損壊し、1345年には完全に破壊された。1868年、ドゥ・ラ・トゥール・ドーヴェルニュ公夫人が回廊を再建し、1872年にはカルメル会女子修道院も建設した。1910年にビザンツ時代の回廊が発見され、1915年からビザンツ教会のあった場所に教会が再建された。

回廊および教会内に、62の言語で書かれた主の祈りのタイルが飾られている。日本語の「主の祈り」は、教会内の左側礼拝堂内にある。回廊地下には洞窟があり、1世紀の墓も見られる。

教会は女子カルメル会が管理している。昼休みをはさんで午前と午後開いているが、日曜は休み。売店もある。

日本語の「主の祈り」プレート（教会内）

 主の昇天礼拝堂　*Chapel of the Ascension*

イエスは、そこから彼らをベタニアの辺りまで連れて行き、手を上げて

祝福された。そして、祝福しながら彼らを離れ、天に上げられた（ルカ24:50－51）。

外観

主の祈り教会からラバ・エル・アダウィイェ（Rab'a el-Adawiyeh）通り沿いに少し北に向かうと、右手に上に上がる道がある。ここの奥が主の昇天礼拝堂である。

ルカ24:50－53によれば、復活したイエスはベタニアの辺りで天に昇っていったとされる。同じルカの使徒言行録1:3－12では、復活の40日後に、オリーブ山から天に昇っていったとある。

コンスタンティヌス大帝時代以前のエルサレムのキリスト教共同体が現在の主の祈り教会の洞窟で主の昇天を祝っていたことは、すでに見たとおりである。そして、4世紀後半にはすでに現在の場所に移っていた。

最初の礼拝堂は392年以前に建てられた。当時の礼拝堂はどうも円形であったらしい。十字軍時代に八角形に再建された。1198年以降ムスリム所有となった。1200年に修復が行われているが、十字軍の礼拝堂の基本形は保ったままで、屋根とミフラーブを付け加えた。イエスが昇天したことは、ムスリムの間でも信じられている。

主の足跡とされる石

礼拝堂内部の床の中心に岩がある。岩に見られる足跡は、イエスが昇天した時に残した足跡だとされている。

礼拝堂は今もムスリムによって管理されており、公開している。扉が開いていない場合には、管理者を見つけて開けてもらう。

ロシアの主の昇天教会 *Russian Ascension Church*

主の昇天教会

ロシアの主の昇天教会は、主の昇天礼拝堂の少し先を右に曲がった、エル・トゥル地区にある。1870－87年に建てられた。この場所には、5世紀にアルメニアの修道院が二つあった。

八角形プランのネオ・ビザンツ様式の教会と鐘塔がある。ギリシア十字プランの洗礼者聖ヨハネの頭礼拝堂の床には、アルメニア教会のモザイク（6世紀）が残っている（普段は絨毯（じゅうたん）の下）。この場所で、壺に入った洗礼者聖ヨハネの頭が5世紀に見つかったという伝承がある。

教会はロシア正教会のものである。火曜と木曜の午前に公開している。

ヴィリ・ガリレイ教会 *Church of Viri Galilaei*

教会の外観

「ガリラヤの人たち、なぜ天を見上げて立っているのか。あなたがたから離れて天に上げられたイエスは、天に行かれるのをあなたがたが見たのと同じ有様で、またおいでになる」（使徒言行録1:11）。

主の昇天礼拝堂から北に向かい、病院の先で左側に行くとこの教会に着く。ヴィリ・ガリレイというのは、「ガリラヤの人たち」というラテン語である。主の昇天後に、天使が弟子たちに語りかけた言葉の最初の２語である（使徒言行録1:10－11参照）。ギリシア正教の教会である。

 ルター派の主の昇天教会　*Lutheran Church of Ascension*

教会の内部

ラバ・エル・アダウィイェ通りをさらに北上すると、右手にアウグスタ・ヴィクトリア病院がある。病院に付属してルター派の主の昇天教会がある。鐘塔は遠くからも目立つ。さらに少し北上すると、ヘブライ大学のメイン・キャンパスのあるスコプス山である。

病院と教会は1907－10年に建てられた。ドイツ皇帝ヴィルヘルム２世の妻の名にちなんで、アウグスタ・ヴィクトリアと名付けられた。教会は十字軍教会風に建てられている。身廊を分ける円柱には十字軍タイプの柱頭が乗せられ、また後陣にはモザイクもある。

 ベトファゲ　*Bethphage*

一行がエルサレムに近づいて、オリーブ山沿いのベトファゲに来たとき、イエスは二人の弟子を使いに出そうとして、言われた。「向こうの村へ行きなさい。するとすぐ、ろばがつないであり、一緒に子ろばのいるのが見つかる。それをほどいて、わたしのところに引いて来なさい。もし、だれかが何か言ったら、『主がお入り用なのです』と言いなさい。すぐ渡

してくれる」(マタイ 21:1－3)。

外観

主の祈り教会のそばの交差点を東に行き、ベイト・パギ (Beit Paggi) 通りを1キロほど行くと、ベトファゲに着く。ここからベタニアまでは2キロもないが、途中にイスラエルとヨルダン川西岸地区とを分断する分離壁があり、チェック・ポイント(徒歩専用)を通してくれるとは限らない。遠回りになるが、ベタニアへはダマスクス門外側の東エルサレム・バスセンターからアラブバスで行くほうが確実である。

ベトファゲは、イエスがエルサレムに入る直前、弟子たちが子ろばを借りた場所である(マタイ 21:1－9、マルコ 11:1－10、ルカ 19:28－38、ヨハネ 12:12－18 参照)。イエスがろばに乗ってエルサレムに入るのは、イザヤ書 62:11 とゼカリヤ書 9:9 に言われていること、すなわちエルサレムへの王の到来が実現するためであった。

教会内部の中世の壁画が描かれた石

エゲリアの『巡礼記』によれば、すでに彼女の時代に教会があった。中世にも再建されているが、現在の教会は 1883 年のものである。教会内左側に石があって、石の側面に中世の壁画が残っている。この石の本来の用途は分かっていない。

教会はフランシスコ会の聖地管理局が管理している。毎日、昼休みをはさんで午前と午後に開いている。現在の「枝の主日」の宗教行列は、ベトファゲから出発する。

11.　新市街　*New City*

エルサレムの市壁外の地域のうち、特に北側と西側の地域を新市街として紹介する。こちら側には現代的な街並みが広がっている。新市街には博物館のほか、市壁外にあった教会や古い墓などもある。北側、西側の順に紹介する。

聖ステファノ教会　*St. Stephen*

人々は大声で叫びながら耳を手でふさぎ、ステファノ目がけて一斉に襲いかかり、都の外に引きずり出して石を投げ始めた（使徒言行録 7:57－58）。

教会の正面

ダマスクス門から外に出て、北側にあるナブルス街道（Nablus Road）（デレク・シェケム（Derech Shechem）通り）を行く。庭園の墓へ行く分岐のすぐ先の右側に、聖ステファノ教会はある。フランス語でサンテティエンヌとも言う。

教会は 431 年以降創建され、439 年に献堂された。この時、アレクサンドレイアのキュリロスが最初の殉教者聖ステファノの遺骨をもたらした。

516 年に 1 万人の修道士がここで会合を行ったという。614 年にペルシア人によって破壊され、638 年以前に総主教ソフロニオスによって再建された。

十字軍時代の 1113 年にファーティマ朝の攻撃で損傷を受け、その後ムリスタンのベネディクト会士たちによって修復された。1187 年、サラディンの攻撃の取っ掛かりとならないように、十字軍によって破壊された。この際、ヨハネ騎士団が馬小屋の破壊に反対したが、この建物が後に同騎士団の管区の建物となり、サラディンによる攻略後の1192年に巡礼宿が開かれたという。

教会には前庭があり、井戸もある。井戸の周囲の石はビザンツ時代の修道院のものである。前庭の床に鉄板が置かれている場所があるが、ここはもともと墓があったところである。前庭内には柱頭や墓石なども飾られている。

教会の内部

教会の内部は三身廊、コリント円柱である。内部は1900年の聖堂だが、床にビザンツのモザイクが隠れている。絨毯（じゅうたん）が敷かれているが、これをめくるとモザイクが出てくる。

ドミニコ会の修道院で、フランス系の聖書学校（エコール・ビブリック）が置かれている。教会は昼休みをはさんで午前と午後に開いているが、見学のためには入り口でインターホンを押す必要がある。

 庭園の墓　*Garden Tomb*

庭園の墓入り口

イエスが十字架につけられた所には園があり、そこには、だれもまだ葬られたことのない新しい墓があった（ヨハネ19:41）。

ダマスクス門からナブルス街道を行き、聖ステファノ教会の手前の右の道を行くと庭園の墓に出る。英国国教会や一部のプロテスタント教会によってキリストの墓だとされたが、残念ながらその可能性は低いようだ。

東エルサレム・バスセンターにある「されこうべ」

1883年、イギリス人チャールズ・ゴードン将軍が「されこうべ」のような形をした岩のそばに墓を見つけた。「されこうべ」の形といっても、穴が二つ開いているだけである。この岩はスルタン・スレイマン通り沿いにあるアラブ・バスのバスセンターからよく見える。

庭園の墓の内部

「ゴードンの墓」は、いつしか「庭園（ガーデン）の墓」と呼ばれるようになった。ヨハネ19:41にある「園」を連想してのことである。しかし、この墓はヨハネ同所にある「だれもまだ葬られたことのない新しい墓」という条件を満たしていない。見つかった墓は、前9－前7世紀の第一神殿期の墓であるからである。

4－6世紀のビザンツ期にはこの周辺は石棺制作のための石切り場となっていた。当時のキリスト教徒たちはこの場所に何ら重要性を感じてはいなかった。十字軍時代には厩舎(きゅうしゃ)として使われていた。

庭園の墓が生まれた背景には、聖墳墓教会が現在の市壁内に取り込まれてしまっていること、またカトリック教会が聖墳墓教会の管理権の一端を持つことへの嫉妬心があるのだろう。とは言っても、この場所は100年以上も人々が祈りをささげてきた場所であり、キリストの墓ではなくとも、祈りの場所であり、ある意味で聖なる場所ということもできるだろう。

墓は二つの空間に分かれている。一方は前室で、他方は埋葬の空間である。

庭園の墓は英国国教会が管理している。日曜以外の午前と午後に公開している。

 アディアベネのヘレネの墓　*Tomb of Helen of Adiabene*

ナブルス通りをさらに北に行くと、ナブルス通りを西に並行するサラ・エッディン（Salah ed-Din）通りと交差する。サラ・エッディン通りに入ってすぐ左にアディアベネのヘレネの墓がある。王たちの墓とも呼ばれる。

王たちの墓という名称は正しくないが、1世紀前半にユダヤ教に改宗したアディアベネ王妃のヘレネと、息子イザテスの墓である。ヘレネは46－48年頃エルサレムに来て、64－65年頃まで暮らした。息子のイザテス王が亡くなった時、ヘレネはアディアベネに戻る。別の息子モノバズス王は母と兄の遺骨をエルサレムに送り、二人はここに埋葬された。

墓は盗掘者に荒らされたが、アラム語で「サダン」と書かれたヘレネの石棺は無事だった。石棺は現在、パリのルーヴル博物館にある。

墓は前室を備え、いくつもの墓室が設けられている。一部の墓室は未完である。ヘレネの石棺はメインの墓室ではなく、脇の小さい空間の床下から見つかった。第一次ユダヤ戦争の直前であり、不穏な空気を感じてあえてこのように埋葬されたのかもしれない。

墓はフランスの領事館が所有しており、見学のためには予約が必要である。また、内部に照明はないので、懐中電灯が必要になる。

 義人シモンの墓　*Tomb of Simon the Just*

オニアの子、大祭司シモンは、生きている間に、主の家を修復し、その存命中、聖所を補強した（シラ［集会の書］50:1）。

ナブルス通りを北に行き、シモン・ハツァディク（Shim'on Hatzadik）

通りの手前右側にあるオトマン・イブン・アファン（Othman Ibn Afan）通りに入る。最初の交差点を左のアブー・バクル・エス・サディク（Abu Bakr es-Sadiq）に入ってすぐ右側にある分岐のそばに墓はある。旧約続編のシラ書（集会の書）50:1－21に出てくる大祭司シモンの墓だとされている。実は、碑文があって、この墓はローマの婦人ユリア・サビナの墓であることが分かっている。

墓の入り口

墓はいつでも入れる。ただし、中は真っ暗なので懐中電灯が必要である。

 サンヘドリンの墓　*Sanhedrin Tombs*

さて、祭司長たちと最高法院の全員は、死刑にしようとしてイエスにとって不利な偽証を求めた（マタイ 26:59）。

聖ステファノ教会の先のナブルス通りの五差路から、北西に行くピクド・ハメルカズ（Pikud Hamerkaz）を取り、大通り（ヘイル・ハハンダサ（Heil Hahandasa）通り）を渡ると、シュムエル・ハナヴィ（Shmuel Hanavi）通りがある。この通りをずっと北西にしばらく行き、ハレル・エシュコル（Harel Eshkol）を渡った先の右側にあるハードモリム・ミリネル・サンヘドリン

墓の一つ

(Ha'admorim Miliner Sanhedrin）通りに入る。この通り沿いにサンヘドリン公園とサンヘドリンの墓がある。少し距離があるので、バスを使ってもよい。

墓は1世紀のものである。実際にサンヘドリン（福音書では最高法院と訳される）の墓であるわけではないが、サンヘドリンの定員（71）位の墓があるためにこう呼ばれている。なお、イエスを逮捕したのがこのサンヘドリンである。事実上ローマの支配下にあった1世紀、サンヘドリンには死刑を求刑する権限がローマ帝国によって認められていなかったので、祭司や律法学者たちはユダヤ総督であるピラトの元にイエスを連れていったのである。

ロックフェラー博物館 *The Rockfeller Museum*

ロックフェラー博物館はエルサレムの市壁の北側を走るスルタン・スレイマン通り沿いにある。ヘロデ門より少し東側、市壁の北東端に近い場所にある。1927年に開設された考古学専門の博物館である。石器時代から18世紀までの出土品などを展示している。

石器時代からオスマン朝までの陶器や日用品などが時代別に展示されているが、とくに興味深いものをいくつか挙げてみよう。カルメル山で見つかった人骨は旧石器時代のものである。カルメル山一帯は15万年前から人の痕跡がある。前1700－前1600年のヒクソスの墓の復元。ヒクソスは前17－前16世紀にエジプト第十五王朝を築いた異民族である。

コロニアやベイト・グブリンなど由来の床モザイク（4－6世紀）。同時期（4－6世紀）のシナゴーグの床モザイクもあり、一部のモザイクは文字だけだが、ギリシア・ローマ文化の影響を受けて絵が描かれているものもあるのが面白い。

8世紀のアル・アクサ・モスクの飾り木彫りは非常に保存状態が良い。同じく8世紀のエリコ近くのヒシャムの宮殿の建築要素の一部が移されている。十字軍時代は聖墳墓教会の入り口を飾っていた浮き彫りなども展示されている。

死海文書の大部分はイスラエル博物館が所有しているが、ロックフェラー博物館もその一部を保有している。イスラエル博物館のところで詳述するが、死海文書とは、死海周辺で見つかった前２世紀－後１世紀の聖書などの羊皮紙写本である。

博物館は日曜から木曜まで、朝から夕方まで開いている。金曜と土曜も朝から開いているが、午後は早く閉まる。

 教皇庁立聖書学研究所　*Pontifical Biblical Institute*

ここからエルサレム新市街西側となる。教皇庁立聖書学研究所はジャッファ門の西側、エミール・ボッタ（Emil Botta）通りにある。ダビデ王（King David）通り近くで、キング・デイヴィッド・ホテルやYMCAのすぐそばにある。

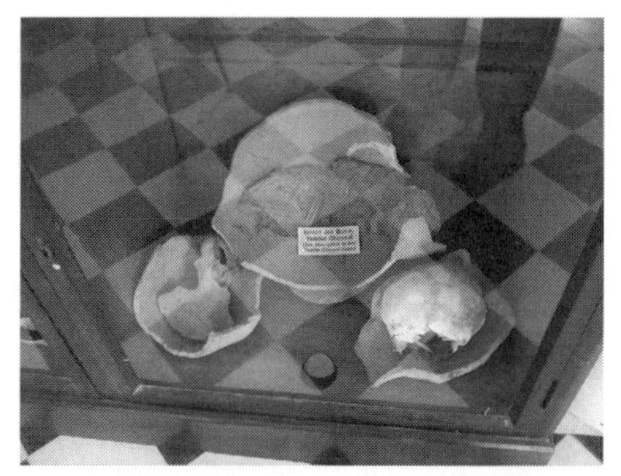

人身御供にささげられた子どもの骨

研究所はローマにある聖書研究所のエルサレム支部で、イエズス会の修道院である。中に小さな博物館があり、訪問することもできる。

シリア・パレスティナ地方の出土品が並ぶが、いくつか興味深いものがある。モレク神に子どもを人身御供にささげていたことは有名だが（レビ記18:21「自分の子を一人たりとも火の中を通らせてモレク神にささげ、あなたの神の名を汚してはならない」）、実際に殺された子どもの骨が出土していて、この小博物館に複数置かれている。また、エジプトのアレクサン

ミイラ「アレックス」

ドレイア由来のミイラ（ローマ領エジプト時代）もある。これはイスラエルにある唯一のミイラである。ちなみに、通称をアレックスと言う。

聖書研究所へはインターホンを押して入ることができるので、中で博物館を見学したい旨を告げる。なお、ここでは毎日19時に英語のミサが行われるので、自由に参加できる。

 ヘロデ家の墓 *Herod's Family Tomb*

エルサレムの代表的な高級ホテルの一つであるキング・デイヴィッド・ホテルからダビデ王通りを1区画だけ南に行くと、ブルームフィールド庭園（Bloomfield Garden）という公園がある。この公園内にヘロデ家の墓はある。

ヘロデ家の墓

第一次ユダヤ戦争に反乱側として参加し、戦争初期にローマ軍捕虜となり、その後、ローマ皇帝ウェスパシアヌスに仕えたフラウィウス・ヨセフス（『ユダヤ戦記』『ユダヤ古代誌』の著者）は、1世紀のユダヤ地方の歴史の第一級の証人だが、このヨセフスはこのヘロデ家の墓についても言及している。前5年にヘロデ王の末弟がこの場所に埋葬されたことが分かっているが、おそらく前43年にヘロデの父アンティパトロスが死んだ時に設けられたのではないかと考えられている。ヘロデ大王自身はヘロディオンに埋葬された。

 スルタンの貯水池 *Sultan's Pool*

スルタンの池はブルームフィールド庭園の真東にある。ジャッファ門外側のハティヴァト・イェルシャライム通りを南下してもよい。

ヨセフスによれば、ヘロデ大王は円形闘技場を建設した。これがスルタンの池そばにあるメリル・ハッセンフェルドの円形闘技場（Amphitheatre of Merrill Hassenfeld）である。実際は馬車競技場であったかもしれない。ここに水を供給するため、ヘロデは水道を敷設した。この遺構は今も残っている。

メリル・ハッセンフェルドの円形闘技場

円形闘技場／競技場のあった場所は、ローマ時代以降貯水池として用いられるようになった。ビザンツ期、イスラーム期、十字軍時代、その後のイスラーム時代と貯水池として使われ続けた。14 世紀末、オスマン朝のスルタンのバルクークが貯水池を再建、16 世紀にもオスマン朝のスレイマン大帝が再建したため、スルタンの貯水池と呼ばれている。

 マミラの貯水池　*Mamilla Pool*

ダビデ王通りとゲルション・アグロン（Gershon Agron）通り（ジャッファ門から外側にまっすぐ行ったハエメク（Ha'emek）通りの続き）の交差点の北西に独立公園（Independence Park）がある。マミラの池は公園内にある。

雨水を集めた貯水池で、今も少し水がたまっている。いつ建設されたのかは分かっていないが、前 2 世紀、ハスモン朝時代の市壁拡張時の可能性がある。この貯水池と旧市街のヒゼキヤ（総司教）の貯水池は暗渠でつながっている。

公園内にはザウィーヤ・クバキーヤ（Zawiya Kubakiyya）という建物

もある。1289年に埋葬された地方領主アイドゥグディ・クバキの墓である。シリアで奴隷として生まれた彼は、サフェドとアレッポの領主（エミール）にまで出世したが、後に投獄されてエルサレムに追放され、この地で亡くなった。

貯水池

ザウィーヤ・クバキーヤ

 ヤソンの墓　*Jason's Tomb*

ヤソンは同胞市民の虐殺をほしいままにした。だが、自分の同族に対して勝利を得ても、その日は実は敗北の日なのだということに気づかなかった（二マカバイ 5:6）。

アグロン通りはジョージ王（King George）通りを過ぎるとランバン（Ramban）通りになる。ランバン通り三つ目の交差点を左に行き、イブン・エズラ（Ibn Ezra）通りに行く。通りの名前は途中でアルファシ（Alfasi）通りに名前が変わる。最初南に向いていた通りがカーブして西に向かう辺りの右側に、ヤソンの墓はある。

墓はサドカイ派（祭司グループ）大祭司ヤソン家の墓であった。大祭司ヤソンは前172年に、大祭司となったメネラオスに追放される（二マカバイ

5:5−10)。アレクサンドロス・ヤンナイオスによるサドカイ派帰還許可により、前81年、先のヤソンの孫ヤソンが墓を再建した。墓は前37年に略奪され、前31年に地震で倒壊した。後30年に最後の埋葬が行われたようである。

墓の外観

 聖十字架修道院　*Monastery of the Cross*

ランバン通りを西に行くと、デレク・ルピン（Derech Ruppin）通りに名前が変わる。大通りであるスデロト・ハイム・ハザズ（Sderot Hayim Hazaz）を渡ってすぐ左側に行くと、聖十字架修道院がある。意外に距離があるので、バスを利用してもよいだろう。

5世紀に教会が創建された。修道院は、1039−56年の間にグルジア（ジョージア）王バグラトが建設した。1685年よりギリシア正教会の修道院となっている。

教会の基本形は11世紀だが、鐘塔は19世紀に建てられた。内部のフレスコ装飾は17世紀に行われたものである。主祭壇右側のモ

修道院の外観

ザイクは、614年にペルシア人に破壊された5世紀教会の床である。

修道院は現在もギリシア正教会が所有している。毎日10時から13時半まで開いている。

 聖書の地博物館　*Bible Lands Museum*

住所は25 Avraham Granot Street。イスラエル博物館の向かい左側にある。旧市街からはバスで行くとよい。

聖書に登場する諸地域の考古学的な遺物を、関連するヘブライ語聖書の章句とともに紹介している。「文明の夜明け、文字の発明」では、印章や楔形（くさびがた）文字、ヒッタイト文字、兎・鷹・人などの象形文字、エジプトの文字とパピルスが展示される。「シュメール文明」ではジッグラト（聖塔）の模型もある。「エジプト古王国時代」の展示には、ギザのピラミッドの模型もある。

「創世記14章（『王たちの戦い』）」では、武器などの戦争に関する展示が行われる。「族長の時代」（アブラハムなど）、そして「エジプトでのイスラエル」（ヨセフやモーセ）時代に関する展示。前1200年頃エジプトに侵入し、ペリシテ人と結託してエジプトを苦しめた「海の民」関連の展示もある。海の民を構成していたキプロスやクレタ、ミケーネ、サルデーニャ人などの陶器や武具、浮き彫りなどである。一方のペリシテ人はパレスティナ地方の先住民で、ダビデが殺した巨人ゴリアトもペリシテ人であった。

今度はアジア側に移り、「イランの騎馬民族」（武器や馬具などもある）、「アラム」（獅子浮き彫りなど）、「フェニキア」（特にフェニキア文字はアラム文字、ヘブライ文字、ギリシア文字の元になった）、そして南北に分裂したイスラエル王国のうち北王国（イスラエル王国）を前722年に滅ぼした「アッシリア」が来る。南のユダ王国を前586年に滅ぼし、「バビロン捕囚」を行った「新バビロニア」もある。「ペルシア」は、古ペルシア（ウラルトゥの人や鳥をかたどった前800年頃の彩色れんがなど）に始まり、前538年にユダヤ人をバビロン捕囚から解放したアケメネス朝ペルシアに入る。

「前1千年紀のエジプト」では、聖魚オクシリュンコスの像も面白い。この魚は「尖り鼻」という意味の魚で、ナイル川に生息する。古代ギリシアの地理学者ストラボンによれば聖なる魚（『地誌』17:1－40）であり、古代ギリシアの著述家プルタルコスによれば忌み嫌われている魚（『エジプト神イシスとオシリスの伝説について』18）だった。バステト（猫）などほかの神像もある。

「ヘレニズム時代」はアレクサンドロス大王とその後継者たちの王国で、ユダヤ地方は特にプトレマイオス朝エジプトおよびセレウコス朝シリアの影響下にあったが、前2世紀のハスモン朝時代、一時的に独立をかちとる。このヘレニズム時代、ユダヤはギリシア文化の影響を大きく受けていた。

「ローマ領エジプト」では、ミイラにかぶせた故人の肖像画（板絵・フレスコ画）が写実的で興味深い。「ローマとユダヤ」には、貨幣や石棺などがあるが、特にローマのコイン「占領されたユダヤ（Iudaea capta）」が面白い。ローマ皇帝ウェスパシアヌスやティトゥスが発行した貨幣で、ナツメヤシの木の下に立って勝ち誇る兵士と、悲しげに座り込む女性の像が打刻されている。

「ビザンツ時代」は特に床モザイクが美しい。キリスト教関連のものも多くある。また、東地中海地方で制作された475－525年頃の銀製カリスも特筆される。最後は「サーサン朝ペルシア時代のメソポタミア」である。

地下にも展示スペースがある。特別展示が行われるほか、ローマ・ビザンツ時代の床モザイクが飾られている。

博物館は、ユダヤ祝日以外は毎日開いている。日曜－木曜は朝から夕方まで（水曜は夜まで延長）、金曜と土曜日、祝日の前日は朝から開いているが、午後は早く閉まる。

イスラエル博物館 *Israel Museum*

イスラエル博物館はイスラエル最大の博物館である。議会（クネッセット）など国の機関が集中する西エルサレムのデレク・ルピン通り沿いにある。旧市街からバスで行くとよい。

博物館は考古学部門、ユダヤ教部門、民俗学部門、絵画部門、死海文書展示館などからなる。考古学関連を中心に紹介する。

ヘロデ大王時代のエルサレム模型

屋外にヘロデ大王時代のエルサレムの模型がある。かなり大規模なもので、考古学的な成果や、新約聖書、ヨセフス、ミシュナー（前2世紀から3世紀初頭にかけてのラビたちの諸口伝を集めたユダヤ文書、編纂は5−6世紀）、タルムード（ミシュナーの注釈、3世紀初頭から400年頃エルサレム・タルムードと3世紀初頭から500年頃のバビロン・タルムードの二種類がある）といった文書を元に、第一次ユダヤ戦争以前の1世紀のエルサレムを復元している。

死海文書展示館（「本の廟」Shrine of the Book）は死海文書やそれに関連した展示を行っている。死海文書とは、前2世紀から後70年までの聖書や聖書に関する文書で、20世紀半ばにクムランや死海周辺のそのほかの洞窟内で見つかった羊皮紙の巻物写本群である。ヘブライ語聖書のうち、ほとんどの文書が少なくとも断片の形で見つかっている。

中央には死海写本の長いファクシミリ（本物に限りなく近づけた精巧な複製をいう）が置かれている。周辺には、神殿の巻物（11Q19）、イザヤ書（1Q1sa）、光の子らの闇の子らに対する戦いの書（1Q33）、ペシェル・ハバクク（1QpHab）、共同体規則の書（1Q5）、感謝の書（1QHaxii）などが展示されている。10世紀のアレッポ・コデクス（コデクスとは冊子本のこと）も展示されている。このコデクスのテクストは、クムランやマサダの文書の聖書の章句とほとんど同じらしい。1341年、おそらくイタリアで作成された小コデクスもある。展示内容は変わることもあるかもしれない。

考古学部門に入ろう。この部門は数年の修復を経て、2010年夏に再オープンした。

考古学部門の入り口でネゲヴ砂漠のキシフィムのモザイクが出迎えてくれる。これは6世紀のモザイクで、商人とワインのつぼを乗せた駱駝が描かれている。

「文明の夜明け」先史時代から始まる。ナハル・ミシュマルの宝物の洞窟と呼ばれる場所から出土した青銅などの遺物は前4500－前3500年とは思えないくらいの精巧なものである。

「カナンの地」では、ユダヤ地方の先住民のカナン人の遺物が展示されている。テッラコッタ製のカナン人特有の棺は甕のような形をしていて、上に顔が描かれている。これはエジプトのカナン人の墓からも出土している。オルトスタトの神殿の守護の獅子像は、前15－13世紀のものである。陶器類や武器類のほかに、錨（前19－18世紀）もある。

「イスラエルと聖書」では、ベト・シェアン出土の蛇が描かれている前12世紀頃のテッラコッタ製つぼ、エン・ゲディ出土の前7－6世紀の秤、前8世紀のアラドの聖所、前11－10世紀の熊の車輪付きおもちゃなど。

ほかにもおもちゃやゲーム類がある。

フェニキア人、アモリ人、モアブ、エドムといったヘブライ民族を取り囲む周辺の民族に関する展示の後、イスラエル王国の崩壊、ユダ王国の滅亡、バビロン捕囚の時代が来る。大英博物館蔵のレプリカだが、ニネヴェで前7世紀に制作されたラキシュの戦いのレリーフがある。ラキシュはエルサレム南西にあった都市で、ヒゼキヤ王時代、アッシリアのセンナケリブによって攻略された。センナケリブの軍はその後エルサレムも攻囲する。さらに、前587年の新バビロニアによる第一神殿の破壊に関する展示もある。

「古ヘブライ文字」では、フェニキア文字やアラム文字を改良したヘブライ文字の書かれた碑文がいくつか展示されている。「ペルシア支配」はアケメネス朝ペルシアのキュロス2世による新バビロニア王国征服と、キュロスによるバビロン捕囚の解放の時代を扱う。そしてアレクサンドロス大王とその後継者による「ヘレニズム時代」。

「ローマ時代のユダヤ」は一つのハイライトである。前1世紀のヘロディオン（ヘロデ大王の墓）の浴場の一部が移されている。神殿の外国人の立ち入りを禁ずる1世紀の石碑はギリシア語で書いてある。異邦人の庭より内側に外国人が入ることは禁止されていた。神殿労働者の骨箱は1世紀のもので、アラム語で名前などが刻まれている。

最も興味深いものはピラトの碑文である。26－36年の碑文で、カエサレア・マリティマで見つかった。新約聖書に登場する人物の唯一の確実な考古学的物証である。カイアファの子イェシュアの骨箱はアラム語で碑文が刻まれている。1世紀の釘の刺さった足の骨（展示されているのはレプリカ）は、十字架刑を受けたハグコルの子イェホハナンという人物のものである。1968年にエルサレム近郊で偶然見つかったもので、骨箱も一緒に展示されている。

「反乱の鎮圧」は第一次ユダヤ戦争後を扱う。72－79年頃のローマ皇帝ウェスパシアヌスの円柱は第一次ユダヤ戦争後、テル・シャレムで見つかった136年のローマ皇帝ハドリアヌスの碑は第二次ユダヤ戦争後のローマ皇帝のモニュメントである。ナブルスで出土した3世紀の食堂モザイクはアキレウスを描いたもので、ギリシア神話のテーマを描いている。ローマの武器や防具類や3－4世紀の鉛製棺などもある。

「聖地」ではビザンツ期のユダヤ教およびキリスト教を扱う。ユダヤ教ではベト・シェアンの5－8世紀のシナゴーグのモザイクやスシヤのシナゴーグの復元などがある。キッスフィムの578年のモザイクはビザンツ教会の床モザイクで、動物や狩りのシーンが描かれている。巡礼の土産品として、ガラスや香油つぼ、十字架類なども展示されている。さまざまな教会の遺構を集めて造られた教会の内陣の再現もあり、おおむね6世紀のものである。

「イスラーム時代」は初期イスラーム時代を扱う。「貨幣」にはさまざまな時代の各地の貨幣が集められており、「占領されたユダヤ」の貨幣もある。

「十字軍」では、1258年のリュジニャン家の紋章がある。フランス出身の同家はエルサレム王およびキプロス王となった家系で、半分女性半分蛇のメリュジーヌ伝説とも結びつけられている。十字軍時代の柱頭類のほか、ゲツセマネのイェホセファト由来のフレスコ画もある。イエスとマリアと洗者ヨハネが描かれているのだが、足しか見えない。展示は十字軍以降のイスラーム王朝（アイユーブ朝、マムルーク朝、オスマン朝）へと続く。

考古学部門以外も簡単に紹介する。ユダヤに関する展示部門には、シャバト（安息日）についての説明や、各地のシナゴーグの復元などがある。ドイツやイタリアのシナゴーグのほか、インドのコーチンのシナゴーグも移されて復元されている。絵画部門は16世紀以降現代までの絵画を扱う。中には17世紀フランドルの画家のペーテル・パウル・リュベンスやアントン・ファン・デイクなどの絵もある。民俗学部門には、アフリカ、両アメリカ、アジアなどに関する展示がある。

博物館は日－月曜、水－木曜、土曜日は朝から夕方まで開いている。火曜日は夕方から夜まで開いている。金曜と祝日の前日は朝から開いているが、午後は早く閉まる。

12. エルサレム近郊

エン・ケレム *En Kerem*

エン・ケレム（「ブドウ畑の泉」）はエルサレム西郊外にある村で、現在はエルサレムの市域内にある。ルカ1:39および1:64では、マリアの従姉（いとこ）エリサベトと夫ザカリアの家、すなわち洗礼者聖ヨハネが生まれた家のある場所は、ユダヤの山里とあるだけで、特にその名は述べられていない。6世紀以降、このエン・ケレムの村が聖母訪問の場所と結びつけて考えられるようになった。エン・ケレムへは、エルサレム中心部から距離があるので、トラムとバスを乗りついで行く。

洗礼者聖ヨハネ教会 *St. John the Baptist*

「ほめたたえよ、イスラエルの神である主を。主はその民を訪れて解放し、我らのために救いの角（つの）を、僕ダビデの家から起こされた」（ルカ1:68–69）。

洗礼者聖ヨハネ教会は、エン・ケレムの村の中心部にある。村の中心のバス停から、ほんの少し坂を上がった場所にある。教会は洗礼者聖ヨハネの生誕を記念している。

教会は5世紀に建設された。11世紀に再建され、十字軍が教会を受け継いだ。十字軍撤退後ムスリムは厩舎（きゅうしゃ）として使用していた。17世紀後半からフランシスコ会管轄となり、修復が行われた。

教会前の庭には、朝の祈りの賛歌である「ベネディクトゥス」（ザカリアの歌、ルカ1:68–79参照）のパネルが各国語（24言語）で置かれている。も

洗礼者聖ヨハネ教会の正面

洗礼者聖ヨハネ教会にある日本語の「ベネディクトゥス」

ちろん日本語もある。

今の教会の真下にビザンツ時代の教会の遺構があり、一部モザイク床も見える。教会内部、ドームの真下に11－12世紀のオプス・セクティレ（多色大理石床）がある。左側廊側にビザンツ時代の墓がある。また、左前方に洗者ヨハネの生誕の地とされる場所があって、祭壇の下に印がある。

教会はフランシスコ会の聖地管理局が管理している。土曜日を除く毎日、昼休みをはさんで午前と午後に開いている。

洗礼者聖ヨハネ教会内の洗者ヨハネの生誕の地とされる場所

御訪問教会　*Church of the Visitation*

「わたしの魂は主をあがめ、わたしの霊は救い主である神を喜びたたえます。身分の低い、この主のはしためにも目を留めてくださったからです」（ルカ 1:47－48）。

マリアの井戸

村の中心から、洗礼者聖ヨハネ教会とは反対側、いったん谷側に下る。途中、マリアの井戸と呼ばれる泉がある。その後、再び丘の上に上がると御訪問教会がある。聖母マリアが、洗礼者ヨハネを妊娠中の従姉(いとこ)のエリサベトを訪問したことを記念している。マリア自身も、大天使ガブリエルに受胎を告知され、イエスをお腹に宿していた。

庭には各国語（42言語）で、晩課の賛歌である「マニフィカト」（ルカ1:47－55参照）のパネルがつけられている。日本語のパネルもある。

教会は4世紀創建、ビザンツ時代、十字軍時代にも教会があったが、その後、廃虚となった。1946年再建、ファサードは1955年。ファサードは石造りで、マリアの御訪問の絵が描かれている。

ポルティコ（屋根付き歩廊）があり、クリプタ（地下聖堂）につながる。クリプタの床にはモザイクがある。奥に洞窟があって、魚のモザイクが印象的である。伝承によれば、ヘロデ大王が2歳以下の男の子をすべて殺させた時（マタイ2:16）、ザカリアとエリサベトはヨハネをこの洞窟に隠したことになっている。

御訪問教会の正面

階段を上ると上堂に出る。内部はフレスコで飾られているが、マリアに関わるものである。右側の壁のフレスコは、奥から、「神の母(Sancta Dei Genetrix)」（マリアに「神の母＝テオトコス」の称号を認めた431年のエフェソス公会議）、「希望を抱く者の救いはあなたの中に(Salus in te sperantium)」（保護の聖母）、「カナの婚礼」、「キリスト者の救い（Auxilium christianorum)」（1571年、教皇庁、スペイン、

御訪問教会にある日本語の「マニフィカト」（マグニフィカトとあるが、正しくは「マニフィカト」）

ヴェネツィア連合軍がオスマン朝トルコ帝国に勝利したレパントの海戦）、「無原罪の御宿り（Immaculata Conceptio）」（中世の神学者ヨハネス・ドゥンス・スコトゥスが無原罪の御宿りをパリ大学ソルボンヌ学寮での討論で擁護）が描かれる。ファサード裏には聖母子、後陣にはマリアとフランシスコ会士が描かれている。なお、後陣部

御訪問教会の地下聖堂

分には4世紀教会の遺構があるが、これは外側からも分かる。

教会はフランシスコ会の聖地管理局が管理している。土曜日を除く毎日、昼休みをはさんで午前と午後に開いている。

 その他のモニュメント *Other Monuments*

カトリックの御訪問教会裏側にロシア正教の御訪問教会がある。1905年に建設が始まり、2005年に完成した。フランシスコ会の洗礼者聖ヨハネ教会の西側にある丘には、ギリシア正教会の洗礼者聖ヨハネ教会や、カトリックのシオン修道女会のノートル・ダム・ドゥ・シオン教会もある。

 アブー・ゴーシュ *Abu Ghosh*

 御復活教会 *Church of the Resurrection*

二人が、「一緒にお泊まりください。そろそろ夕方になりますし、もう日も傾いていますから」と言って、無理に引き止めたので、イエスは共に泊まるため家に入られた（ルカ 24:29）。

アブー・ゴーシュはエルサレムから西に12、3キロほど行ったところにある。アブー・ゴーシュという名前は、18世紀末から19世紀初頭にこの辺りに睨（にら）みを利かせていたアラブ人の徒党の長の名前から来ている。本来の名前はキリヤト・エアリムであるが、現在では丘の上の村をキリヤト・エアリム、丘の下の村をアブー・ゴーシュと呼ぶ。西エルサレムにある新バスセンターからキリヤト・エアリム方面のバスで行く。

詳しくは拙稿『移動する聖所—エマウスの歴史的変遷』（豊田浩志編著『神は細部に宿り給う—上智大学西洋古代史の20年』、南窓社、2008年所収）を参照していただきたいが、ルカ 24:13－32に登場するエマオの村の候補地の一つである。十字軍時代のエマオである。

エマオとは、復活したキリストがクレオパともう一人の弟子の前に現れた場所である。エルサレムから60スタディオン（約11キロ）のところにあった。

イエスの復活の日（すなわち空の墓が見つかった日曜日）、二人の弟子が意気消沈してエマオの村に向かっていたところ、一人の見知らぬ旅人が一緒になった。エマオに着くと、時間も遅くなってきたので、二人はこの旅人に、一晩泊まるよう勧める。旅人もそれを受けた。

食事が用意され、二人は旅人にパンを裂き、祝福するよう頼んだ。旅人がパンを裂くと、二人の弟子たちの目が開けた。一緒にいた旅人は復活したイエス自身だったのだ。気づくとイエスの姿は消えていた。弟子たちは喜び勇んですぐさまエルサレムに戻り、ほかの弟子たちにこのことを報告した（ルカ24:13－32参照）。

この場所は泉があり、水が豊かな場所だった。9世紀にカラヴァンセライ（宿場）が設けられた。十字軍時代にはこの地は聖ヨハネ騎士団に委ねられた。騎士団はカラヴァンセライ跡を修復し、教会を建設した。教会は1141年頃献堂された。理由は明確ではないものの、十字軍時代にエマオの場所だと信じられていた。

1187年の十字軍撤退後も巡礼は散発的に続いていたが、13世紀後半に街道筋が変わり、アブー・ゴーシュは顧みられなくなった。14世紀後半に街道が戻り、カラヴァンセライが修復された時には、すでにエマオの記憶は消えていた。

教会とカラヴァンセライ跡は1873年にフランス政府のものとなった。1906年にベネディクト会修道院が建設された。

教会は三身廊のロマネスク教会で、1170年頃のビザンツ風フレス

御復活教会の外観

コ装飾が施されている。中央の後陣には復活したキリストが描かれている。右の後陣にはアブラハム、イサク、ヤコブが選ばれた者の魂を受け入れている。左側の後陣には洗礼者聖ヨハネとマリアの間にいるキリストが描かれる。壁には、右側が磔刑(たっけい)、左側は聖母御眠りなどが描かれている。

教会内部の壁画

地下にはクリプタがあるが、2世紀のローマ時代の貯水槽を再利用している。「VEXILLATIO LEG[IONIS] X FRE[TENSIS]（第十フレテンシス軍団分隊）」という碑文がある。

教会はフランスのベネディクト会オリヴェート修族が管理している。木曜と日曜以外の午前と午後に公開しているが、祝日は公開時間が短くなる。訪問する際はインターホンを押す。

教会の地下聖堂

キリヤト・エアリム　*Kiryat Ye'arim*

契約の箱の聖母教会　*Notre-Dame de l'Arche d'Alliance*

キリヤト・エアリムの人々はやって来て、主の箱を担ぎ上り、丘の上のアビナダブの家に運び入れた。そして、アビナダブの息子エルアザルを聖別して、主の箱を守らせた。主の箱がキリヤト・エアリムに安置された日から時が過ぎ、二十年を経た。イスラエルの家はこぞって主を慕い求めていた（サムエル上 7:1－2）。

教会の内部

キリヤト・エアリムはエルサレムから西に 12、3 キロほど行ったところにある。アブー・ゴーシュの近くにある。西エルサレムにある新バスセンターからキリヤト・エアリム方面のバスで行く。

契約の箱の聖母教会の正面

神の箱（十戒を納める契約の箱）はペリシテ人たちにいったん奪われたが、その後、疫病がはやるなどしたため、ペリシテ人はイスラエル人に神の箱を返還する。その後、神の箱は 20 年ほどキリヤト・エアリムに置かれていた（サムエル上 4:1－7:2 参照）。その後、ダビデ王がエルサレムを獲得すると、神の箱もエルサレムに移された（サムエル下 6:1－19 参照）。

ビザンツ時代の教会跡に、1924 年建てられた。三身廊の現代教会だが、一部ビザンツ時代の床モザイクも残っている。

カトリックの女子修道会（聖ヨセフへの天使出現修道女会）が管理している。昼休みをはさんで毎日、午前と午後に開いている。

ラトルン *Latrun*

丘の上のテンプル騎士団遺構

ラトルンはエルサレムから西に 25 キロほど行った場所にある。西エルサレムにある新バスセンターからラトルンおよびニコポリス方面のバスで行く。

ラトルンという名前から、ラトロ（泥棒）、すなわちルカ 23:40－43 に出てくる「よい泥棒」という伝承がおこったが、実際は十字軍に建てられたテンプル騎士団の城（トロン、塔）から由来する。

厳律シトー会（トラピスト）大修道院

テンプル騎士団は 1150－70 年頃、この場所の丘の上に城を築いた。騎士団の城の遺構は今でもひっそりと丘の上に残っている。

丘の下にはフランス系の厳律シトー会（トラピスト）大修道院がある。19 世紀末に創建された。ワインやリキュールで有名な修道院である。教会と売店は、日曜を除いて、昼休みをはさんで毎日午前と午後に開いている。

修道院の教会内部

 ニコポリス（アマウス） *Emmaus Nicopolis*

 エマウス・ニコポリスの教会 *The Churches of Emmaus Nicopolis*

ゴルギアスは歩兵五千とえり抜きの騎兵一千の指揮をとり、夜陰に乗じて陣営を移動させた。ユダヤ人の陣営に奇襲をかけ、これを殲滅（せんめつ）する作戦であった。要塞にいた者たちが部隊の先導を務めた。ユダはこれを察知し、兵を率い、アマウスにいる王の軍隊を撃とうと出立した（一マカバイ4:1−3）。

ニコポリス（エマウス・ニコポリス）はエルサレムから西に26.5キロほど行った場所にある。西エルサレムにある新バスセンターからラトルンおよびニコポリス方面のバスで行く。ラトルンからは1キロほど離れている。

ニコポリスは、本来アマウスという場所であった（詳しくは拙稿『移動する聖所—エマウスの歴史的変遷』、前掲書、参照)。マカバイ記一の3:55–4:22に登場する場所で、マカベア戦争のさなか、ユダ・マカバイがセレウコス朝のシリア軍に勝利した(前161年)地である。同9:50にも、シリアの司令官バッキデスが強化した要塞の一つとして挙げられている。

フラウィウス・ヨセフスも『ユダヤ戦記』『ユダヤ古代誌』で幾度かその名を挙げている。ミシュナーやタルムードにも登場する。ローマの博物学者大プリニウスや地理学者プトレマイオスにも引用され、250年頃作成された古代ローマの地図『タブラ・ペウティンゲリアナ(ポイティンガー図)』にも登場する。エルサレムと地中海沿いのヨッパ(現ジャッファ)の間にある、古くから重要な町だった。

アマウスは221年頃、ローマ皇帝エラガバルスの信頼を受けていたキリスト教徒ユリウス・アフリカヌスがこの地の長官を務めていた時にニコポリスと改称された。このアマウス＝ニコポリスは、4世紀以降ルカによる福音書のエマオと同一視されるようになった。

ここで奇妙なことが起こる。ルカによる福音書におけるエルサレムとエマオの距離60スタディオンに、100が加えられて「160スタディオン」と書かれている写本がいくつかあるのである。改ざんされた写本はシナイ写本などシリア–パレスティナ地方由来の写本が多く、エルサレムから160スタディオン(実際には144スタディオンほど)の位置にあるアマウスがエマオだと思い込んで、手を入れてしまったのだろう。

5–6世紀にビザンツ教会が建てられた。巡礼地として栄えたが、アマウスは614年にペルシアの侵攻を受け、637年以降ムスリムの手に落ちた。639年に疫病が大流行し、それ以降町は見捨てられた。十字軍時代に教会は再建されたが、十字軍はアブー・ゴーシュをエマオと信じていたため、エマオの教会として再建

エマウス・ニコポリスの教会

されたわけではない。

ビザンツ教会（5–6世紀）は三身廊で、三つ後陣を備えていた。十字軍教会はより小さな形で、ビザンツ教会の遺構内に再建された。左側にはもう一つ別のより小さい三身廊のビザンツ教会があり、床モザイクが一部残っている。この小さい方の教会に隣接して、5世紀の洗礼堂もある。大きい方のビザンツ教会の右側に司教館跡がある。この奥には1世紀のユダヤの墓もある。

モザイク

教会群の奥には小さな博物館がある。床モザイクや骨箱、建築の一部などが展示されている。その奥に現在の修道院があり、礼拝堂もある。

教会はフランスのカトリックのベアティチュード共同体が管理している。教会は、日曜を除いて、昼休みをはさんで毎日、午前と午後に開いている。

洗礼堂

ローマ浴場
Roman Bath

ニコポリスのローマ浴場は、教会群の東側、後述のアヤロン公園に行く途中にある。221年に建設された。498年の地震で損傷し、その後に再建された。8世紀以降12世紀までワインやオリーブ油、食糧の貯

ローマ浴場跡

蔵庫となっていたらしい。マムルーク朝時代の13世紀にアブー・ウバイダという人物のモニュメントとなった。アブー・ウバイダは7世紀前半にこの地方を攻略したイスラーム軍司令官だったが、639年、この地にて疫病で死んだという。

 アヤロン公園 *Ayalon Park*

ローマおよびビザンツ期の水道

ローマ浴場の先に入り口がある。公園内にはさまざまな遺構がある。アマウスおよびニコポリスの町の遺構である。

ハスモン朝時代の墓（前2世紀）、ローマ時代の墓など、墓が数多くある。地下水路、貯水槽、水道橋といったローマおよびビザンツ期の水道施設もある。東奥にある丘には、キルベト・エル・アケド門（前1世紀）や洞窟（おそらく本来は水道施設）などがある。丘のふもとにビザンツ期のブドウ搾り機がある。また、入り口近くから南西に行ったところにももう一機ブドウ搾り機が置かれている。

ブドウ搾り機

第 II 部

エルサレム以外の地域

1. ガリラヤ地方 *Galilee*

イスラエル北東部にあたるガリラヤ地方は、ガリラヤ湖のある下ガリラヤと、西側部分のより標高の高い上ガリラヤからなる。ガリラヤ湖より南側のヨルダン川流域を南ガリラヤ地方と呼ぶこともある。ほかの地方より水が豊かであり、緑も多い。

ナザレ *Nazareth*

ナザレは上ガリラヤの中心都市である。アラブ系キリスト教徒が多く住む。

イエスはベツレヘム（ダビデ王の出身地）で生まれたが、ナザレにはヨセフとマリアの家があり、イエスもここで大工の子として育った。福音書の各所で、イエスは「ナザレのイエス」と呼ばれている。ヨハネによれば、イエスの十字架の罪状書きには「ナザレのイエス、ユダヤ人の王」（ヨハネ19:19）と書かれていた。磔刑を描いた西洋絵画ではしばしば、イエスの十字架の上にラテン語の「Iesus Nazarenus Rex Iudaeorum」または略称の「I.N.R.I」が書かれている。

受胎告知教会 *The Basilica of the Annunciation*

天使ガブリエルは、ナザレというガリラヤの町に神から遣わされた。ダビデ家のヨセフという人のいいなずけであるおとめのところに遣わされたのである。そのおとめの名はマリアといった。天使は、彼女のところに来て言った。「おめでとう、恵まれた方。主があなたと共におられる」。マリアはこの言葉に戸惑い、いったいこの挨拶は何のことかと考え込んだ（ルカ 1:26－29）。

受胎告知教会の正面

受胎告知教会は、ナザレの町の中心にそびえ立つ大きな教会である。大天使ガブリエルによる、乙女マリアへの受胎告知を記念している。

教会は4世紀以前に創建され、5世紀半ばに再建された。12世紀に十字軍によって再建されている。現在の教会は、1968年に完成した現代教会である。

教会は上堂とクリプタ（地下聖堂）の二層構造となっている。上堂の中心には八角形の穴が開いていて、クリプタをのぞきこむことができる。教会内や庭に各国の聖母子の絵が飾られているが、長谷川路可が下絵を描き、弟子たちが完成させた日本の『華の聖母子』は上堂の左側の壁に飾られている。

クリプタ内部では、左側に十字軍時代の教会の北側の壁が残っている。クリプタの中心に低くなっている部分があり、ここに5世紀半ばの教会があり、一部に床モザイクも残されている。この教会はシナゴーグ跡に建てられている。洗礼浴槽の遺構は、コンスタンティヌス大帝時代より古いようだ。そしてこのビザンツ教会の中に、受胎告知の洞窟（マリアの家）とされる遺構がある。小さい方の洞窟は4世紀以前に造られた。

受胎告知教会の上堂にある「華の聖母子」

教会の左側には発掘された家の基礎などがある。これらは後1世紀のものである。ビザンツ期の床モザイクも飾られている。

教会はフランシスコ会の聖地管理局が管理し

ている。教会は毎日、昼休みをはさんで午前と午後に開いているが、日曜日の午前中はミサに参加する以外は入れない。付属して博物館もある。

受胎告知教会の地下聖堂

聖ヨセフ教会 *Church of St. Joseph*

主の天使が夢に現れて言った。「ダビデの子ヨセフ、恐れず妻マリアを迎え入れなさい。マリアの胎の子は聖霊によって宿ったのである。マリアは男の子を産む。その子をイエスと名付けなさい。この子は自分の民を罪から救うからである」（マタイ 1:20－21）。

聖ヨセフ教会は受胎告知教会と同じ敷地内にある。受胎告知教会から左に行った場所にある。イエスの養父ヨセフを記念している。この教会もビザンツ期に創建され、十字軍期に再建された。現在の教会は 1914 年に建てられた。

聖ヨセフ教会の外観

クリプタには、受胎告知教会内のコンスタンティヌス以前の洗礼浴槽とよく似た洗礼用の浴槽がある。クリプタの洞窟は、17 世紀頃からヨセフの作業場だと信じられるようになった。

教会はフランシスコ会の聖地管理局が管理している。教会は毎日、昼休みをはさんで午前と午後に開いている。

聖ヨセフ教会の地下

シナゴーグ教会　*Synagogue Church*

イエスはお育ちになったナザレに来て、いつものとおり安息日に会堂に入り、聖書を朗読しようとしてお立ちになった（ルカ4:16）。

シナゴーグ教会

フランシスコ会の受胎告知教会から北北西の位置にスーク（市場）がある。市場内に18世紀のギリシア・カトリック教会（ギリシア典礼を採用するカトリック教会）の受胎告知教会があり、これに付属してシナゴーグ教会がある。イエスが説教したシナゴーグだとされている。月曜から土曜の朝から夕方まで開いている。

 ナザレの修道女会修道院 *Convent of the Sisters of Nazareth*

受胎告知教会の前を走る通り沿いにある。修道院の建物は十字軍時代のものである。修道院の地下には古代ユダヤの墓地があり、予約の上で訪問することができる。

 マリアの井戸 *Mary's Well*

受胎告知教会の裏側にある大通り、パウロ6世（Paul VI）通り沿いにある。マリアが利用した井戸だと信じられている。

マリアの井戸

 聖ガブリエル教会 *St. Gabriel*

マリアの井戸のそばにあるギリシア正教の教会。356年に創建された。現在の教会は1750年に建てられた。地下聖堂もあり、「マリアの井戸」と呼ばれる井戸もある。上記の井戸と水源を同じくする。

 セフォリス（ジッポリ）　*Sepphoris (Zippori)*

セフォリス（ジッポリ）はナザレの郊外にある。前100年頃にはガリラヤ地方の有力都市の一つとなった。ローマによって占領された後、前57−前55年にローマ都市として整備され、第一次ユダヤ戦争でもローマ側についた親ローマ都市であった。ローマ期、ビザンツ期、十字軍時代などの遺構が残っている。

入り口から少し歩くと、デクマヌス（ローマ時代の東西の通り）が現れる。これとカルド（南北の通り）が交わる部分にモザイクのある家がある。カルド沿いには円柱が立てられ、歩道にはモザイクが施されている。

カルド

ナイル・モザイク（部分）

カルドを進むと左側にナイルの家と呼ばれる家がある。6世紀のナイル・モザイクがあるが、18色のテッセラ（モザイク片）を用いているという。猪を狩る雌ライオン、雄牛を狩る雄ライオン、鹿を狩る豹、アレクサンドレイアの町（ギリシア語で名前がついている）、狩りをする馬上の人々、円柱、ナイルの流れ、オベリスクなどによってナイル川の情景が構成されている。このモザイク以外にも幾何学文様を中心とするさまざまな多色床モザイクがこの家にはたくさんある。ケンタウロス、フリギア帽をかぶった馬上の人々、兵士などを描いたものもある。

カルド沿いにオルフェウスのモザイクの家もある。ギリシア神話の伝説的な詩人オルフェウスの調べを動物たちが聞き入っている。ほかにもローマ時代のモザイクがある。この家は363年の地震で損壊し、後に教会に転用された。

デクマヌスに戻り、発掘された通りの終点の手前右側に市場と思われる公共建築がある。ここには幾何学文様や動物たちの多色床モザイクがある。

十字軍時代の城塞

丘にさしかかった所にローマ時代のモニュメントがあるが、4世紀に破壊されている。ムスリム墓地を通り、階段を上がると、十字軍時代の城塞が見える。右手にはローマ別荘があり、ギリシアの酒神ディオニュソスに関する情景を集めた鮮やかな3世紀の床モザイクがある。

十字軍城塞内部にはランプや陶器などの展示がある。城塞の上に登れば周りが見渡せる。城塞より奥には第二神殿時代の住居区がある。城塞とローマ別荘の下には2世紀初めのローマ劇場がある。さらに進むとビザンツ時代の家があり、床モザイクが残っている。

遺跡のハイライトはシナゴーグの遺構である。5世紀初めに建設され

ローマ劇場

た。すばらしい床モザイクが残っている。下から、創世記のアブラム（アブラハム）とサライ（サラ）に天使が現れるシーン、アブラハムによるイサクの犠牲（いけにえ）のシーン、太陽神と12星座と四季、日々のささげもの、聖櫃と神殿へのささげもの、メノラー（燭台（しょくだい））と建築のファサード、獅子と木の葉のリースである。太陽神と12星座と四季は完全にギリシア・ローマ風のモティーフであ

シナゴーグのモザイク（太陽神と12星座と四季）

る。アラム語の碑文のモザイクもある。

マシャド貯水槽、イナゴマメの貯水池などの水道関係の遺構もある。水道橋の遺構も残っている。

遺跡は日曜－木曜と土曜の朝から夕方まで開いている。金曜も開いているが、午後は早く閉まる。

 メギド *Megiddo*

汚れた霊どもは、ヘブライ語で「ハルマゲドン」と呼ばれる所に、王たちを集めた（ヨハネの黙示録16:16）。

メギドは上ガリラヤ地方にある古い都市である。丘の上にあり、メギドの山（ハル・メギド）は世界の終末における決戦「ハルマゲドン」の語源となった。

北の門

メギドは前3000年以前から城塞都市だった。前1468年5月12日にこの地で勝利したという碑文がエジプトのカルナック神殿にある。その後はダビデ時代にイスラエル王国領になりソロモンが市壁や建築物を建設した。

聖域、カナン時代の神殿

前923年にエジプトのファラオのシシャクに占領され、エジプト領となった。前9世紀半ばにアモリ人またはアハブによって町が再建された。前733年にはアッシリアにより陥落し、アッシリアのガリラヤ州の州都になる。前7世紀以降この地は

聖域、カナン時代の祭壇

重要性を失い、前4世紀からは人が住まなくなった。

かつてのアクセスのための階段（ソロモン時代）を過ぎ、市門より入る。この市門も前18世紀、前16世紀、前10世紀（ソロモン時代）といろいろな時代に建設されている。

ソロモン時代の宮殿の遺構がある。聖域には神殿がいくつかあるが、最古のものは前3000年の神殿である。丸い祭壇は前2650－2350年くらいのものである。同時期の神殿がいくつかある。上の方には北側の厩舎（きゅうしゃ）がある。

谷となっている神殿をはさんで南側にもいくつもの建築があり、公共の小麦貯蔵庫などもある。南側の宮殿はソロモン時代に建設された。ソロモン期の南側の厩舎（きゅうしゃ）もある。前19世紀の水利関係の洞窟は、深さ30メートルで長さ70メートルのトンネルである。遺跡の出口はオリジナルの青銅器時代のものの

南側の厩舎

ようだ。

遺跡は日曜－木曜と土曜の朝から夕方まで開いている。金曜も開いているが、午後早く閉まる。

 タボル山 *Mount Tabor*

ペトロが口をはさんでイエスに言った。「主よ、わたしたちがここにいるのは、すばらしいことです。お望みでしたら、わたしがここに仮小屋を三つ建てましょう。一つはあなたのため、一つはモーセのため、もう一つはエリヤのためです」(マタイ 17:4)。

下から見るタボル山

タボル山はカエサレア・マリティマ、メギドとガリラヤ湖を結ぶ街道沿いにある。お椀を伏せたような特徴的な形の緑の山が平野の間に突如として現れる。

前8万年－前1万5000年のネアンデルタール人の痕跡があり、古くから人が住んでいた。旧約聖書には士師記4－5章、エレミヤ書46:18、ホセア書5:1に登場する。第一次ユダヤ戦争では、激戦地の一つとなった。

タボル山を主の変容の場所と考えるようになったのは、ビザンツ期以降である。もともとの伝承では、ヘルモン山（レバノンとシリア国境、イスラエル支配地のゴラン高原にも境を接する）が主の変容の舞台だと考えられていたようだ。340年に亡くなったカエサレアのエウセビオスは、タボル山とへルモン山の間で迷っている。333年のボルドーの巡礼はタボル山に特に興味を示さず、主の変容の場所をむしろオリーブ山に同定している。348年、エルサレム司教キュリロスはタボル山で主の変容を記念することを決定した。

マタイ17:1－13、マルコ9:2－13、ルカ9:28－36によれば、イエスはペトロ、ヤコブ、ヨハネを連れて高い山に登った。イエスの姿が彼らの目の前で変わり、顔は太陽のように輝き、服は光のように白くなった。見ると、モーセとエリヤが現れ、イエスと語り合っていた。ペトロは興奮して、イエスとモーセとエリヤのために仮小屋を三つ建てようと言う。

光り輝く雲が弟子たちを覆い、「これはわたしの愛する子、わたしの心に適う者。これに聞け」（福音書によって少し語句が違う）という声が聞こえてきた。弟子たちは恐れたが、イエスは恐れることはないと弟子たちに呼びかけた。ふと気づくと、イエスの姿は元どおりになり、モーセもエリヤも姿を消していた。

ヘルモン山は高い山だが、タボル山はそれほど高くないので、マタイとマルコの記述に従えば前者に軍配が上がりそうである。なお、ルカでは「高い」とは書かれていない。

ビザンツ期に教会が創建された。十字軍時代には、1099年にベネディクト会の修道院が設けられた。1113年、トルコの攻撃で修道院は破壊され、修道士も虐殺された。その後、修道院は再建されたが、サラディンによって占領された。

風の門

1212－14年、ダマスクスの支配者メレク・エル・アデルとその子メレク・エル・モウアザムが山を要塞化した。1217年、十字軍は一時的に山を奪還するが、すぐに明け渡さざるを得なかった。13世紀半ばにもキリスト教徒が一時的に回復したが、1263年に再び追放された。

街道筋のタボル山入り口からタボル山頂までは徒歩で1時間半ほどかかる。途中にターミナルがあり、そこからシェルート（乗り合いタクシー）を利用することもできる（タボル山入り口からターミナルまで徒歩45分ほど）。

修道院入り口にある風の門はメレク・エル・アデルの要塞の門で、1897年に修復されている。少し先にビザンツ時代に創建された礼拝堂がある。周辺には1世紀の墓もある。

フランシスコ会修道院は1924年に建てられた。現代のフランシスコ会教会（聖モーセと聖エリヤ教会）はビザンツ時代の教会跡に建てられている。後陣には主の変容を描いたモザイクもある。クリプタには床モザイクがあり、ビザン

フランシスコ会教会

フランシスコ会教会の内部

ツ教会の遺構が見える。教会そばには中世のベネディクト会修道院の遺構も残っている。

教会はフランシスコ会の聖地管理局が管理している。教会は土曜以外の毎日、昼休みをはさんで午前と午後に開いている。

ギリシア教会

タボル山頂にはギリシア正教会の教会もある。その教会に向かう途中には、メレク・エル・アデルの要塞遺構がある。ギリシア正教の聖エリヤは十字軍遺構の上に建てられている。教会の下にはメルキゼデクの洞窟がある。中世の伝承によると、祭司メルキゼデクがこの場所でアブラムを出迎えたのだという（創世記 14:17－20 参照）。

　ベト・シェアン　*Bet Shean*

彼らはサウルの武具をアシュトレト神殿に納め、その遺体をベト・シェアンの城壁にさらした（サムエル上 31:10）。

ベト・シェアンは南ガリラヤ地方の中心都市である。水が豊かで、古くから栄えてきた。前 15 世紀にはエジプトのトトメス 3 世がこの町を占拠した。エジプト支配は 300 年ほど続き、その後カナン人、そしてペリシテ人の町となった。

サムエル記上 31:1－13 に書かれているとおり、前 1004 年、イスラエル軍はギルボア山の戦いで敗北し、イスラエル王国初代の王サウルは三人の息子たちと共に戦死した。サウル王の遺体はベト・シェアンの市壁の上にさらされた。

旧約聖書では、列王記上 4:12 にソロモン時代の都市として列記されているが、その後の消息はよく分かっていない。前 3 世紀になると、スキュトポリス（Scythopolis）という名前で再び現れる。

前63年、カエサルのライバルとしても有名なローマの将軍グナエウス・ポンペイウス（大ポンペイウス）はスキュトポリスはじめヨルダン川周辺の町でデカポリス（十の町）を組織した。デカポリスは現在のイスラエル、ヨルダン、シリアにまたがる十の町で、スキュトポリスのほか、ガダラ（現ウム・カイス）、カナタ（カナワト）、ゲラサ（イェラシュ）、ダマスクス、カピトリアス（ベト・ラス）、ヒッポス（スッシタ）、フィラデルフィア（アンマン）、ペラ（イルビド）、ラファナからなる。

これらの都市はヘレニズム文化の影響を強く受け、異邦人が多く住んでいた。福音書にもマタイ4:25、マルコ5:20と7:30にデカポリスの名が登場する。

第一次ユダヤ戦争初期の66年、スキュトポリスの住民はローマ軍に激しく抵抗し、虐殺された。2世紀にはローマの第六軍団フェッラタが駐屯していた。帝政ローマ期には亜麻布（リネン）の一大生産地となり、織物工業が栄えた。4世紀後半にはパレスティナ・セクンダ州の州都となった。

6世紀には歴史家スキュトポリスのキュリロスを輩出した。その後アラブに支配されることになる。この時、ベイサンというセム系の名前に戻る。しかし、町の衰退が進み、749年の大地震以降、町は放棄された。

ベト・シェアンの遺跡は遺跡公園内がメインとなるが、現代の町の中に円形闘技場がある。2世紀に建設され、6,000人を収容することができた。

円形闘技場

ローマ劇場

5世紀にはすでに円形闘技場としての機能はなくなり、居住区となっていたようだ。付近にビザンツ期の道もある。円形闘技場の南にはイスラーム期の城塞および後宮の建物もある。

円柱の並ぶ通り

遺跡公園に入ると、まず遺跡の模型が出迎えてくれる。入るとすぐに、200年頃に建設された、7,000人収容のローマ劇場がある。規模としては中規模だが、保存状態が良い。

劇場の先にはビザンツ期の西側の公共浴場がある。床モザイクも少し残っている。暖房施設遺構もある。

劇場と公共浴場の間には、南北に走る6世紀ビザンツ期のパラディウス通りが残っていて、列柱が並んでいる。歩道には床モザイクもある。

通りの西側にはビザンツ期の半円形の市場があり、その裏にはオデオン（音楽堂）もある。通りの東側にはローマ時代のバシリカ（裁判や商業などに用いられていた公共スペース）と長方形のビザンツ期の市場がある。長方形の市場に面して職人たちの住居跡もある。ビザンツ期の市場と劇場の間には泉やローマ時代の神殿跡もある。

ローマ橋

通りの北端付近には、酒神ディオニュソスの神殿、4世紀のニンフェウム（野山や泉の精であるニンフにささ

下から見たアクロポリス

げられている)、アクロポリス(テル、丘)の門などがある。

東西を走る通りを東側に向かうと、列柱廊や東側の公共浴場がある。北東の方向(アクロポリスの東側)にしばらく行くと、ローマ橋もある。

アクロポリスは下の町より古い。エジプトの長官の館は単なる復元で、遺跡ではない。カナン人の五つの神殿(前15－前12世紀)やダビデ時代の要塞、ローマ時代の神殿などもある。

エジプトの長官の館

遺跡公園は毎日、朝から午後まで開いている。金曜も開いているが、少し早く閉まる。

アクロポリスの東、ハロド谷に向こう側に聖マリア修道院(Monastery of the Lady Mary)がある。土曜日を除く毎日、博物館で鍵を借りて訪問することができる。修道院は567年以前に建てられた。7世紀初頭に放棄された。

修道院の床モザイクは12の月を描写している。中心に太陽と月の擬人化がある。1月は消えかかっている。2月は鍬(くわ)と若木を持つ男、3月は兵士、4月は山羊(やぎ)と籠を持つ男、5月は外套に花を乗せて運ぶ男、6月は果物の籠を持つ男、7月は麦の束を持つ男である。8月も消えかかっている。9月はブドウの収穫祭のためにナイフと籠を持つ男である。10月と

11月は何を描写しているか分かっていない。12月は種をまく男である。

 ベト・アルファ　*Bet Alpha*

ベト・アルファはベト・シェアンの西側にある小さな町である。この町には6世紀のシナゴーグ遺構がある。

碑文によればシナゴーグはビザンツ皇帝ユスティヌス時代に建てられた。518－527年在位のユスティヌス1世と、565－578年在位のユスティヌス2世の二人が考えられるが、後者はユダヤ教徒迫害で知られた皇帝なので、おそらく前者であろうと推測されている。

シナゴーグ

いちばん下にギリシア語とヘブライ語の碑文がある。碑文の両側にはライオンと雄牛が描かれている。下段には犠牲（いけにえ）のイサク、ろばを連れた人々が描かれている。中段には、中心に四頭立て馬車を駆る太陽神がおり、その周辺に12星座と四季が描かれている。シナゴーグの床だというのに、ギリシアの影響を強く受けたテーマなのが面白い。上段は神の箱やメノラー、鳥、獅子が描かれている。

モザイクの図像があまりにアルカイックなので、微笑を誘う。百獣の王のライオンも、まるで飼い猫のようで形（かた）なしである。

シナゴーグ遺構は毎日、朝から午後まで開いている。金曜も開いているが、少し早く閉まる。

ティベリアス *Tiberias*

その後、イエスはガリラヤ湖、すなわちティベリアス湖の向こう岸に渡られた（ヨハネ 6:1）。

ティベリアスはガリラヤ湖そばにある、下ガリラヤの中心都市である。ガリラヤ湖はティベリアス湖とも呼ばれていた。ガリラヤ湖にはほかに、ゲネサレト湖、ギンノサル湖という名前もある。

ティベリアスは、後 17－20 年にヘロデ大王の息子のヘロデ・アンティパスが創建した。都市の名前はローマ皇帝ティベリウスから取られた。いずれのユダヤ戦争においても特にローマ軍に反抗することなく、町も破壊されていない。

70 年のエルサレム神殿破壊、そして 135 年のユダヤ人に対するエルサレム入市禁止令以降、ティベリアスはユダヤ教の中心地となった。ティベリアス学派は、エルサレム・タルムードを編纂したことでも有名である。5 世紀半ば、キリスト教徒の圧力でティベリアスのユダヤ教コミュニティーは下火になるが、8－10 世紀に再興する。

1033 年の地震で町は崩壊し、1099 年に十字軍によって再建された。1562 年、ポルトガルのユダヤ人ヨセフ・ナシはオスマン朝のスレイマン大帝の許可を得て町を再興するが、失敗に終わった。18 世紀にベドウィン（アラブの遊牧民）のシャイフ（長老）のダヘル・エル・オマルは町を再興し、要塞を築く。この要塞も 1837 年の地震で倒壊した。19 世紀末にユダヤ人の町が建設され、現在に至っている。

マイモニデスの墓

現在の市街地の、アル・ハディフ（Al Hadif）通り（77 号線）とヨハナン・ベン・ザカイ（Johanan ben

十字軍の城

Zakai）通りの間（ハ・タナイーム（Ha Tana'im）通り付近）にユダヤの賢人の墓がある。1世紀のラビのヨハナン・ベン・ザカイ、2世紀のエリアザル・ベン・ヒュルカヌス、12世紀のマイモニデス（モーゼス・ベン・マイモン）の墓である。丘の方には、第二次ユダヤ戦争時に反乱側に付き、ローマ人によって処刑されたラビ・アキバの墓もある。

ラビたちの墓の東側、ドンナ・グラシア（Donna Gracia）通り沿いには12世紀の十字軍の城の遺構がある。城へは、東西を走るメイン・ストリートであるハ・ヤルデン（Ha Yarden）通りからも近い。

ハ・ヤルデン通りを東に行くと、やがて湖岸に着く。湖岸のプロムナード沿いにフランシスコ会の聖ペトロ教会がある。1100年頃建設されたが、十字軍撤退後モスクになった。1870年に教会として再建され、1944年に今の形となった。

聖ペトロ教会の南側に考古学公園があり、十字軍時代の大聖堂遺構、ビザンツ期のシナゴーグ遺構がある。公園内にはマムルーク朝時代のカラヴァンセライの遺構もある。

聖ペトロ教会

新市街を南に1キロ半と少し行くと、古代ローマおよびビ

古代ローマおよびビザンツ時代のティベリアス遺跡

ザンツ時代のティベリアスの遺跡がある。いつでも開いている。

入り口付近に2世紀のバシリカがある。このローマ時代の世俗建築は6世紀に教会に転用された。

集合住宅の遺構が立ち並ぶ区画を抜けると、市場と4世紀の公共浴場がある。浴場には鳥や動物、魚などを描いた床モザイクもある。すぐ北側には南北を貫くカルドがあり、この通り沿いに店が並んでいる。

南に100メートルあまり行くと、そこにはローマ劇場がある。2–3世紀に建設されたものである。そばには水道橋遺構もある。さらに南にはビザンツ時代の市壁や市門（地下に埋まっている）もある。

カルド以降の北側には大きな公共建築の遺構がある。ラビのヨハナン・ベン・ナパファの学校だったと考える人もいる。仮にこの推測が正しければ、「エルサレム・タルムード」の編纂の場ということになる。

西側のベルニス山側には6世紀の教会遺構がある。749年の地震以降再建されている。十字軍時代には小さな礼拝堂が再建された。

教会の身廊には多色大理石で幾何学文様を描いたオプス・セクティレ床がある。両側廊には鳥や果物のモザイクの床がある。主祭壇下にあるのは、4500年以上前の、ユダヤの信仰よりずっと古い異教信仰の石である。

 ハンマト・ティベリアス　*Hammat Tiberias*

ハンマト・ティベリアスはティベリアスの南郊外にある。ハンマトとは「浴場」のことである。ギリシア語ではエマウスという。ガリラヤのエマオである。ここには温泉が湧いており、フラウィウス・ヨセフスによれば、すでに1世紀には湯治場として使われていた。

ハンマト・ティベリアスのシナゴーグ遺構は、現在の温泉湯治場より先（南側）にある。シナゴーグは4世紀に建てられ、5世紀に破壊された。6世紀に再建され、8世紀半ばに、また破壊された。

床モザイクは4世紀のシナゴーグのものである。手前（東側）には幾何学文様があり、その南側にはギリシア語で碑文がある。中央部分にも幾何学文様がある。

西側部分のモザイクはセフォリスやベト・アルファのモザイクに似ていて面白い。下段には二匹の

シナゴーグのモザイク（太陽神と12星座と四季）

シナゴーグのモザイク（メノラー）

ライオンの間にギリシア語碑文がある。中段が目玉の12星座と太陽神、四季のモザイクである。太陽神は頭しか見えず、星座もいくつか欠けている。ベト・アルファのアルカイックな感じとは違って、より洗練されている。その上段には神の箱とメノラーのモザイクがある。

シナゴーグの先には、6世紀の市壁と市門がある。公園内に出土品や温泉の歴史などを展示するハマム・スレイマン博物館もある。

シナゴーグ遺構は毎日朝から午後まで開いている。金曜も開いているが、少し早く閉まる。

 タブガ *Tabgha*

タブガはガリラヤ湖北側にある。ギリシア語のヘプタペゴン（Heptapegon）が語源である。「七つの泉」を意味する。ヘブライ語ではエイン・シェヴァと呼ばれることが多い。アラビア語ではアル・タビガと言う。なお、1948年の第一次ユダヤ戦争以前には周辺にアラブ人の集落があったが、現在は教会を除くと、あまり家はない。

 パンと魚の奇跡教会

The Church of the Multiplication of the Loaves and Fishes

パンと魚の奇跡教会の正面

イエスは五つのパンと二匹の魚を取り、天を仰いで賛美の祈りを唱え、パンを裂いて、弟子たちに渡しては配らせ、二匹の魚も皆に分配された。すべての人が食べて満腹した。そして、パンの屑と魚の残りを集めると、十二の籠にいっぱいになった（マルコ6:41－43）。

パンと魚の増殖の奇跡を記念している。マタイ 14:13－21、マルコ 6:30－44、ルカ 9:10－17、ヨハネ 6:1－14 に登場する奇跡である。

洗礼者聖ヨハネが斬首されて間もない頃のことである。イエスはガリラヤ湖畔の人里離れた場所にいた。人々がイエスについて集まってきた。夕刻になった。イエスと弟子たちの元には五つのパンと二匹の魚しかなかった。イエスが弟子たちにこれらのパンと魚を分配するよう命じると、パンと魚が増え、男性だけでも 5,000 人いた群衆を満腹させることができた。

パンと魚の奇跡教会の内部

教会は 4 世紀に創建され、5 世紀半ばに再建された。現在の教会は 1982 年に再建されたものである。

前庭には出土品が飾られている。前庭を抜けると教会がある。

教会内部の内陣と左側廊の二カ所に開いている穴から 4 世紀の教会の基礎が見える。教会の床モザイクの一部は 5 世紀教会のものである。鳥を描いたものが多

パンと魚の奇跡教会、主祭壇前のモザイク

い。左右の袖廊には鳥や植物などを描いたモザイクがある。蓮など、この地方にない植物もある。右袖廊に見られるモザイクの円形の塔（Α, Β, Γ, Δ, Ε, Ζ, Η, Θ, Ι）はガリラヤ湖の湖面の高さ（1－10）を指すと言われる（うちＡからＥは修復部分）。内陣に幾何学文様のモザイクがあり、祭壇前にはパンと魚の有名なモザイクがある。祭壇下には岩の一部が残されているが、５世紀のキリスト教徒たちは、イエスが会食した際のテーブルだと信じていた。

教会はベネディクト会、エルサレムの聖母の御眠り大修道院に属する小修道院である。毎日朝から夕方まで開いている。

山上の説教教会　*Church of the Sermon on the Mount*

現代の山上の説教（真福八端）教会はタブガを見下ろす丘の上にあるが、パンと魚の奇跡教会のすぐそばに４世紀の山上の説教教会があった。現在では廃虚になっており、遺構を見ることができる。教会の地下には石を切り出した貯水槽もある。

ペトロの首位権教会　*Church of the Primacy of Peter*

イエスの愛しておられたあの弟子がペトロに、「主だ」と言った。シモン・ペトロは「主だ」と聞くと、裸同然だったので、上着をまとって湖に飛び込んだ（ヨハネ 21:7）。

ペトロの首位権教会の外観

ペトロの首位権教会はベネディクト会のパンと魚の奇跡教会の奥にある。イエスが復活後、ガリラヤで漁をしていたペトロに現れたことを記念している。

ペトロやイエスの弟子たち数人がガリラヤ湖で漁をしていた。しかし、魚は一匹もとれなかった。夜が明けた頃、イエスが岸辺に立って、「何か食べるものはあるか」と呼び掛けた。弟子たちはイエスだと気づかなかった。そして「ありません」と答えた。

イエスは、舟の右側に網を打つようにと勧めた。その途端、引き上げられないほど多くの魚がかかった。この奇跡に、イエスの愛弟子（福音記者ヨハネ）が気づいて「主だ」と叫んだ。ペトロも「主だ」と叫び、湖に飛び込んだ（ヨハネ 21:1－7 参照）。

教会は 4 世紀に創建された。そして 13 世紀に破壊された。その後、1933 年に再建された。

入り口付近にあるビルケット・アリ・エドゥ・ダヘルとタヌル・アイユーブは水車を回すために水を引き揚げる建物の遺構で、ビザンツ期にまでさかのぼる。奥には十字軍時代の建物と、ペトロの首位権教会がある。教会内部には「キリストのテーブル」があるが、ヨハネ 21:9 にある、イエスが弟子たちのために炭火をおこして準備していた場所だと信じられている。

ペトロの首位権教会の内部

教会脇の石を削った階段はおそらく 2 世紀か 3 世紀に造られたようだ。この階段については、エゲリアも言及している。

岸辺にハート型の石が六つあるが、これは 12 の座と呼ばれる。808 年にはすでに史料上に現れる。12 使徒を記念するためにどこからか持ってこられたもののようだ。

死海の水位低下は知られているが、このガリラヤ湖もこの数十年の間に水位が大きく下がっているようだ。古い舟着き場の中には、すでに水面から離れてしまっているものもある。

教会はフランシスコ会の聖地管理局が管理している。教会は毎日、昼休みをはさんで午前と午後に開いている。

 真福八端の山 *Mount of Beatitudes*

「心の貧しい人々は、幸いである、天の国はその人たちのものである」(マタイ5:3)。

教会の外観

真福八端の山はタブガを見下ろす丘の上にある。ガリラヤ湖からの高さは175メートルほどだが、それでも海抜マイナス35メートルである。タブガからは徒歩の山道を30分ほど歩けば着く。自動車は4世紀のシナゴーグ遺構のあるコラジン側からアクセスする。

真福八端（東方教会では真福九端と言う）は、イエスの山上の説教のことで、八つ（九つ）の「幸い」を説いている。マタイ5:3－10とルカ6:20－23に登場する。「心の貧しい人々」という日本語の語感から、よく誤解を受けるフレーズでもある。

心において貧しくある人々は天の国を受ける。悲しむ人々は慰められる。柔和な人々は地を受け継ぐ。義に飢え渇く人々は満たされる。憐れみ深い人々は憐れみを受ける。心の清い人々は神を見る。平和を実現する人々は神の子と呼ばれる。義のために迫害される人々は天の国を受ける。イエスのためにののしられ、迫害され、身に覚えのないことであらゆる悪口を浴びせられる時、天には大きな報いがある。イエスはこのように説いている。

教会の内部

教会はイタリアの独裁者ベニト・ムッソリーニの援助を受けて、1936－38年に建設された。教会は八角形をしている。教会自体は新しいけれども、多くの巡礼が教会の庭園で福音書をひもとき、イエスの教えに思いをはせるのを見ると、心を打たれる。また、ガリラヤ湖方面の眺めもすばらしい。

教会はフランシスコ会系の女子修道院が管理している。教会は毎日、昼休みをはさんで午前と午後に開いている。

 カファルナウム　*Capernaum*

一行はカファルナウムに着いた。イエスは、安息日に会堂に入って教え始められた。人々はその教えに非常に驚いた。律法学者のようにではなく、権威ある者としてお教えになったからである（マルコ 1:21－22）。

カファルナウムはタブガの東2キロほどの所にある。ペトロとアンデレの家がある村だった（マルコ 1:21－29）。福音書には何度も登場する。

エピファニオス（374年）によれば、ユダヤ人たちは異邦人、サマリア人、キリスト教徒がこの村に住むのを禁じていたという。とはいっても、コンスタンティヌス大帝以降は守られなくなったと推測される。4世紀のユダヤ側の史料にも、この村にユダヤ共同体とキリスト教共同体があり、緊張状態にあったことが書かれている。

614年のペルシア侵攻の際にユダヤ人がキリスト教会を破壊したり、629年のビザンツ皇帝ヘラクレイオスの軍隊がパレスティナ地方に来た際にキリスト教徒が報復のためにシナゴーグを破壊するなど、両者はあまりよい関係になかったことがうかがえる。638年のアラブ侵攻時には平和的に移行したものの、746年の地震で村は大きく損傷した。

地震後再建された村は11世紀に放棄される。十字軍時代に再興されたが、その後、村は再び放棄された。

遺構の大部分はフランシスコ会の敷地内にある。「ペトロの家」は前1世紀から4世紀までの遺構からなる。これらのうち、後1世紀の部屋の部分がペトロの家だと信じられている。

「ペトロの家」とされる建物

4世紀には、この部屋を囲むようにして建物が建てられた。これは、エゲリアの『巡礼記』に登場する家庭教会（個人の家をキリスト教の礼拝施設に改造したもの）の遺構である。これが5世紀半ばには八角形の教会堂に再建される。この教会は、先に述べたように614年に破壊された。

「ペトロの家」の真上に建てられた教会

5世紀教会の真上

に、八角形の1990年の教会が建てられている。現代教会の中央には穴が開いていて、ペトロの家とされる遺構をのぞきこむことができる。

教会とシナゴーグの間には、住居の遺構が広がっている。1－6世紀のものである。

シナゴーグ遺構

シナゴーグは4世紀半ばに建てられた。ただし、基礎部分は1世紀のようだ。363年の地震後修復された。シナゴーグは629年に破壊されている。

教会はフランシスコ会の聖地管理局が管理している。教会は毎日、朝から午後まで開いている。

近くにあるギリシア正教の教会敷地内には、7世紀以降のカファルナウムの遺構がある。この新しいカファルナウムも11世紀には放棄された。

 クルシ　*Kursi*

イエスがお許しになったので、汚れた霊どもは出て、豚の中に入った。すると、二千匹ほどの豚の群れが崖を下って湖になだれ込み、湖の中で次々とおぼれ死んだ（マルコ5:13）。

クルシはガリラヤ湖の東側、いわゆるゴラン高原にある。ベトサイダの南、エン・ゲヴの北である。ティベリアスからは湖をはさんで真東、タブガやカファルナウムからは南東にある。

ゴラン高原は本来シリア領で、1967年の第三次中東戦争以降イスラエルが占領を続けている。ゴラン高原は、道路外には地雷注意の看板が物々しく立っている。

イスラエルのガリラヤ地方とゴラン高原の境となっているヨルダン川は

それほど幅の広い川ではない。ちなみに、主の洗礼（マタイ3:13－17、マルコ1:9－11、ルカ3:21－22参照）。が行われた場所は何箇所か候補地があるが、ガリラヤ湖より下流側だと考えられている。最も可能性が高いとされている場所は、さらに南、死海の北側にある場所だが、ヨルダン川西岸地区側からは地雷の危険性があるため、主の洗礼の祝日の際にしか行くことができない。ヨルダン・ハシミテ王国側からは通年訪れることができる。

クルシは福音書のガダラ（マタイ）、ゲラサ（マルコ）、ゲルゲサ（ルカ、ただし新共同訳ではゲラサになっているし、ギリシア語テクストもゲラサになっている場合がある）とされる。悪い霊にとりつかれた人からイエスが霊を解き放つと、霊は豚に乗り移り、豚たちがガリラヤ湖に飛び込んでおぼれ死んだ（マタイ8:28－34、マルコ5:1－20、ルカ8:26－39参照）場所である。

デカポリスの中にガダラ（ウム・カイス）とゲラサ（イェラシュ）という町があるが、これらはトランスヨルダン地方（現ヨルダン）で、ガリラヤ湖畔の町ではない。デカポリスの一つヒッポス（スッシタ）はガリラヤ湖の東岸（エン・ゲヴの真東）に位置するが、湖からは少し遠すぎる。よって、この奇跡が起こったのはデカポリスの町ではないのだろう。

ユダヤ教では豚は汚れたものとされていた。ユダヤの町で2,000匹の豚や豚飼いたちがいるとは考えにくいので、デカポリスではないが、異邦人（ギリシア人）が多く住む町だったと推測される。いずれにしても、クルシと福音書に登場する豚の奇跡の町が同一視されるのは5世紀以降である。

5世紀に教会と修道院が建設された。614年のペルシア侵攻後要塞化されたようだ。しかし、741年の地震で倒壊し、修道院は放棄されてしまった。

5世紀のビザンツ教会には前庭があり、四方を柱で囲んでいる。前庭内には貯水槽があり、井戸が二つある。

ビザンツ教会遺構

教会は三身廊で、側廊には幾何学文様の床モザイクがある。右側にはクリプタ入り口やモザイク床を持つ付属の礼拝堂があり、左側にはオリーブ搾り機が置かれている。

教会の後陣の左隣にもモザイク床の残るおそらく聖具室があり、後陣の右隣には6世紀の洗礼堂もある。洗礼堂の床モザイクは585年のもので、洗礼のための浴槽も残る。

教会の左手には浴場の遺跡がある。大理石床などは一部あるが、モザイク床などはない。右手の丘にも礼拝堂があり、一部にモザイク床も残っている。少し離れた所にローマ時代の村の遺構が少し見える。

ギンノサル　*Ginnosar*

また、少し進んで、ゼベダイの子ヤコブとその兄弟ヨハネが、舟の中で網の手入れをしているのを御覧になると、すぐに彼らをお呼びになった。この二人も父ゼベダイを雇い人たちと一緒に舟に残して、イエスの後について行った（マルコ1:19－20）。

ギンノサルはティベリアスとタブガの間のガリラヤ湖西岸にあるキブツである。キブツとは「集団」を意味し、イスラエルに特徴的な、自由主義と自給自足を旨とする相互扶助的な共同体である。

ギンノサル・キブツ内には博物館があり、非常に興味深いものがある。1986年に発見された、ガリラヤ湖で使われていた1世紀の木製の舟である。保存状態もかなり良い。

イエスがガリラヤ湖の漁師たちを弟子にした時のことを思い起こしてみよう。マタイ4:18－22、マルコ1:16－20、ルカ5:1－11の情景である。

イエスが「わたしについて来なさい。人間をとる漁師にしよう」と言った時、シモン（ペトロ）とアンデレの兄弟はすぐに網を捨てて、イエスに従った。一方ゼベダイの子ヤコブとヨハネの場合、マルコによれば、父ゼベダイを雇い人たちと一緒に舟に残して、イエスの後について行った。

マタイでは「舟と父親を残して」とあり、ルカでは詳細は書かれていない。マルコの記述を信じるならば、シモンとアンデレは舟と網を持つだけの零細な漁師であったが、一方のゼベダイは雇い人を持った、少し裕福な漁師であったと考えることもできよう。

ギンノサルのキブツにある1世紀の舟は、結構大きなものである。シモンとペトロの小さな舟というよりは、ゼベダイの所有していた少し大きな舟にふさわしいのかもしれない。

ギンノサルからは湖を横断して対岸のエン・ゲヴに行く船もある。また、ギンノサルの南には、ミグダル（マグダラ）の村もある。現代のミグダルは少し内陸に広がっているが、古代のマグダラの村は現代の村の南側、湖岸沿いに広がっており、遺構も発掘されている。マグダラのマリアの出身地である。

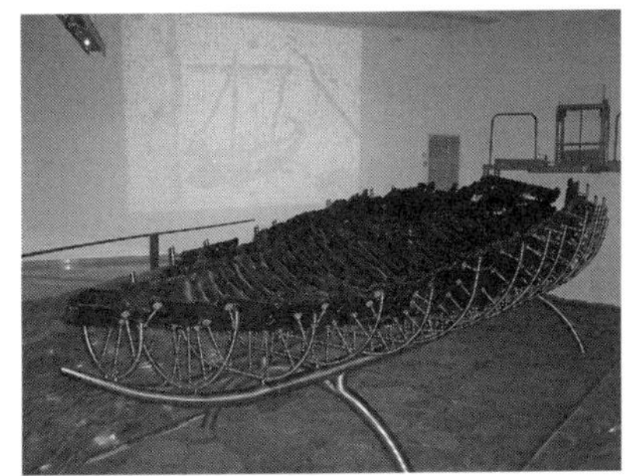

1世紀の舟

2.　地中海沿岸地方　*Mediterranean Coast*

地中海沿岸地方の章では、テル・アヴィブ以北の地中海沿岸の平野部を扱う。イスラエルの北西部である。

ハイファ　*Haifa*

ハイファはイスラエル北西部、地中海沿岸に位置する都市である。カルメル山（Mount Carmel）のふもとにある。カルメル山周辺は15万年前から人の痕跡があり、旧石器時代の人骨も発見されている。

前15世紀にはエジプト人が港を持っていた。その後、前12世紀頃ペリシテ人の町となった。その後古代、中世を通して特に重要な都市ではなかったが、19世紀以降大都市に発展し、現在はイスラエル北部の中心都市となっている。

ハイファの中心はハイファ・ベト・ガリム（Haifa Bat Galim）駅、またはハイファ・ハ・シュモナ（Haifa Ha-Shmona）駅周辺だが、エルサレムからのバスは南のハイファ・ホフ・ハ・カルメル（Haifa Hof Ha-Carmel）駅が終点なので、鉄道に乗り換える必要がある。エリヤの洞窟やカルメル会修道院へはハイファ・ベト・ガリムの方が近い。

エリヤの洞窟　*Cave of Elijah*

アハブはイスラエルのすべての人々に使いを送り、預言者たちをカルメル山に集めた。エリヤはすべての民に近づいて言った。「あなたたちは、いつまでどっちつかずに迷っているのか。もし主が神であるなら、主に従え。もしバアルが神であるなら、バアルに従え」（列王記上 18:20－21）。

エリヤの洞窟

ハイファ・ベト・ガリム駅からハ・ハガナ（Ha-Hagana）通りを西に行くと、カルメル山の崖下にある。古くからバール・アドニス神（フェニキアのバール神とギリシアのアドニスが同一視されている）の聖域があったが、3世紀以降預言者エリヤと結びつけて考えられるようになった。

列王記上18:1－40では、預言者エリヤとバアル神の預言者の対決が描写される。それはイスラエル王国（北王国）のアハブ王の時代（前9世紀半ば）のことであった。アハブ王はイスラエルの信仰を捨て、バール信仰に傾倒していた。エリヤの求めで、カルメル山に神の祭壇とバール神の祭壇が設けられた。バール神の預言者たちが祈っても何も起こらなかったが、エリヤが祈ると奇跡が起こり、神の火が下って、神の祭壇の焼き尽くすささげものと薪などが燃えた。

この洞窟は、ユダヤ教、キリスト教、イスラームともにエリヤの記憶を記念していた。1948年、モスクとなっていた洞窟はシナゴーグに変えられた。洞窟は男女別に分けられ、キップールの着用などシナゴーグ訪問の際の規則が適用される。

洞窟は、日曜から木曜までは朝から夕方まで開いているが、金曜は午前中のみ開いている。土曜には公開していない。

カルメル会修道院
Carmelite Monastery

カルメル会修道院の外観

カルメル会修道院はカルメル山上、ステラ・マリス（Stella Maris）通り沿いにある。ハイファ・ベト・

カルメル会修道院の内部

ガリム駅近くからケーブルカーを利用してもいいし、エリヤの洞窟付近から登山道を登ってもいい。少し距離はあるが、ハイファ・ハ・シュモナ駅方面から斜めに登ってくる道もある。

十字軍時代の1154年、カラブリアの聖ベルトルドゥス（実際の出身地はフランスのリムーザン地方のサリニャック）が、預言者エリヤにちなんでカルメル山に修道院を創立した。1209年頃、エルサレム総司教ヴェルチェッリのアルベルトゥスによって会則が認可され、修道会に発展した。13世紀末に修道院はマムルーク朝によって破壊され、聖地を引き揚げざるを得なかった。

現在のステラ・マリス教会は、ビザンツ期の礼拝堂や中世のギリシア正教会の跡に1836－67年に建てられた。まるで要塞のような形をしている。

エリヤの墓

教会はギリシア十字プランをしている。奥にエリヤの墓とされる岩屋がある。

教会はカルメル会が所有している。毎日、昼休みをはさんで午前と午後に開いている。7月20日のエリヤの祝日は盛大に祝われる。

 アッコン　*Akkon (Acre)*

アッコンはイスラエルの地中海沿岸最北部にある。旧ヒジャーズ鉄道支線である地中海沿岸の鉄道も、アッコンの一つ北のナハリヤまでしか使われていない。ナハリヤの北はレバノンである。

アッコンは十字軍終焉の地として知られている。十字軍は1187年にエルサレムを失い、北側に十字軍国家として細々と存続していた。1291年、マムルーク朝の軍によって最終拠点であるアッコンを失い、聖地から撤退した。

アッコン陥落後、テンプル騎士団はフランスに引き上げる。その後間もなく、1312年にフランス王によって解散させられた。聖ヨハネ騎士団はキプロス島、ロードス島と拠点を移す。ドイツ騎士団はバルト海沿岸に展開し、「北の十字軍」（北方の異教徒に対する十字軍）に従事していくことになる。

駅から南へ向かうと、19世紀初めの市壁の内側に12世紀の十字軍時代の市壁がある。アッコンの旧市街はこの市壁の中にある。

聖ヨハネ騎士団の城 *Hospitaller Fortress*

聖ヨハネ騎士団の城は旧市街入り口付近、アル・ジャザル（Al-Jazzar）通り付近にある。12世紀に建設された。ただし、上の部分は18－19世紀に再建されている。当時の地面は7－8メートル低かったようで、城の一部は地下となっている。

聖ヨハネ騎士団の城

入り口付近には広間がある。騎士団の広間は七つあるが（公開されているのは三つ）、騎士たちの出身地（フランスのオーヴェルニュ地方、イングランド、フランス、ドイツ、イタリア、プロヴァンス、スペイン）別に分けられていた。

広場そばにある大きな空間はドーミトリー（集団の寝室）で、大き目の石を積み上げた独特のアーチが印象的である。さらに地下には囚人の間がある。

聖ヨハネ騎士団の城の中庭

大広間もある。大広間ではいくつか柱や円柱も残っているが、補強なしでは立っていられないほど崩壊している。

城の中庭には井戸がある。中庭に接して食堂もある。天井がストゥッコ（化粧漆喰〈しっくい〉）で飾られている騎士団の間もあり、大広間にもつながっている。

中庭付近から地下に入り、狭く天井の低いトンネルに入ると聖ヨハネのクリプタがある。長いトンネルを抜けると、土産物屋に出る。城からは結構離れているので、迷わないよう注意が必要である。

聖ヨハネ騎士団の城の大食堂

ヨーロッパの城建築では、隠し通路というとむしろ伝説の域に入り、実際に隠し通路を備えた城はほとんどない。一方、敵に囲まれた聖地では、実際にこうした隠し通路が存在する。なお、アッコンのこのトンネルは、本来はローマ人が掘った下水路であった。

城は朝から夕方まで開いている。ただし、金曜日は早く閉まる。

 アル・ジャザル・モスク　*Al-Jazzar Mosque*

アル・ジャザルが1781年に建てた大モスクである。アーチやポルティコなどは、カエサレア・マリティマから運ばれた。十字軍時代の聖ヨハネ教会の上に立っている。アッコンの旧市街はムスリム人口が多い。

 浴場 *Bath*

聖ヨハネ騎士団の城の南側にある。オスマン・トルコ時代にアル・ジャザルが建設した公共浴場である。

 ハン *Khans*

ハンはカラヴァンセライと同じく、隊商宿である。アッコン旧市街の東側にはいくつものハンがある。

いちばん北側のハンはハン・エシュ・シャワルダ（Khan esh-Shawarda）で、アル・ジャザル・モスクと同時期に建設された。東南角には13世紀の塔が残っている。塔の切り石には、石工によって十字架や三角形、文字などの印が刻まれている。

ハン・エシュ・シャワルダより南側に位置するのがハン・エル・ファランジ（Khan el-Faranj）、「フランク人（ヨーロッパ人）の宿」である。13世紀にはヴェネツィア人地区だった。名前の由来は1516年以降ここに拠点を持ったフランス商人たちである。ハンの北東側に18世紀のフランシスコ会教会がある。

ハン・エル・ウムダン

ハン・エル・ファランジより南側に、かつてジェノヴァ人地区が広がっていた。ジェノヴァ人地区の入り口の門も残っている。

旧ジェノヴァ人地区にあるハン・エル・ウムダン（Khan el-Umdan）（ハン・エル・ファランジのすぐ南）はかつてジェノヴァ人たちの宿であっ

た。ハンはアル・ジャザルが改築した。現在の名称は「円柱の宿」である。円柱はカエサレア・マリティマから運ばれてきたものである。

ハン・エル・ウムダンの西側に、もう一つハンがある。ハン・エシュ・シュナ（Khan esh-Shuna）で、こちらはピサ人の宿であった。

ヴェネツィア、ジェノヴァ、ピサとイタリアの海洋共和国が集まった。これにエルサレムのラテン人の聖マリア教会を建設したアマルフィを加えて、イタリアの四大海洋共和国と呼ぶ。現在のイタリア共和国の海軍旗や民間の海洋旗は、おなじみの緑白赤の三色旗にこの四共和国の紋章を加えたものである。アッコンにアマルフィ人地区がないのは、十字軍時代にはアマルフィ共和国がすでに没落していたためであろう。

海の門　*Sea Gate*

海の門はアッコン旧市街の南東端、ハン・エル・ウムダンの南にある十字軍時代の門である。海側に門があるのは、海路でアッコンに入ることが多かったからである。なお、アッコン旧市街の東側には陸の門（Land Gate）もある。この門が陸側からアッコンに入る唯一の門だった時代もある。

聖ヨハネ教会　*St. John*

聖ヨハネ騎士団の城付近の中世の聖ヨハネ教会とは別の教会である。アッコンの旧市街の最南端の海辺沿い、灯台のそばにある。

十字軍時代は聖アンデレ教会だった。1737 年にフランシスコ会によって再建された。

テンプル騎士団の城　*Templar Fortress*

テンプル騎士団の城はアッコン旧市街の南西端の海側にそびえていた。

テンプル騎士団の城遺構

テンプル騎士団のトンネル

わずかに遺構が残っている。

テンプル騎士団の城の東側に、テンプル騎士団のトンネル（Templar Tunnel）がある。両側に水路があり、かなり大きめのトンネルである。途中分岐もある。

出口はハン・エシュ・シュナである。

 聖ゲオルギオス教会 *St. George*

聖ゲオルギオス教会はハン・エル・ファランジの西側にある教会である。テンプル騎士団の城沿いを走るハ・ハガナ（Ha-Hagana）通りからも行くことができる。17 世紀に建てられたギリシア正教の教会である。

聖ゲオルギオス教会の西側（ハ・ハガナ通りとの中間地点）に中世の広場がある。その南側にも、もう一つ別の中世の広場がある。

 カエサレア・マリティマ　*Caesarea Maritima*

千人隊長は百人隊長二人を呼び、「今夜九時カイサリアへ出発できるように、歩兵二百名、騎兵七十名、補助兵二百名を準備せよ」と言った（使徒言行録 23:23）。

カエサレア・マリティマはテル・アヴィヴとハイファの間にある海辺の町である。ガイウス・ユリウス・カエサル（ジュリアス・シーザー）にちなむ町は古代にいくつもあって、パレスティナ地方にはほかにもゴラン高原のカエサレア・フィリッピ（バニアス）がある。

カエサレア・マリティマはラテン語名で、ギリシア語ではパライロス・カイサレイア（海辺のカイサレイア）、あるいはパレスティナのカイサレイアと呼ばれる。コンスタンティヌス大帝の伝記や教会史の著作を書いたエウセビオスはこの町の司教だった。カイサレイアのエウセビオスとギリシア語名で呼ばれることが多いが、現代でも通じるカエサレア・マリティマの名称を活かすため、本書ではあえてカエサレアのエウセビオスと呼んでいる。

フェニキア人がかつて住んでいたこともあるが、町としての発展はヘロデ大王以降である。その後ローマ都市として栄える。ユダヤ総督府はエルサレムではなく、このカエサレア・マリティマにあった。ポンティオ・ピラトが通常いた場所である。

海辺のカエサレアは福音書には登場しないが、使徒言行録には何度も登場する。パウロは宣教旅行の途中にカエサレアに寄っていた。海路でカエサレアまで行き、その後陸路でエルサレムに向かうといったように。

そのほかにいくつか大きなエピソードがある。一つはペトロによるローマの百人隊長コルネリウスの改宗（使徒言行録 10:1－48 参照）のエピソードである。これ以降、キリスト教はユダヤの枠を超えて、世界に広がっていくことになる。

もう一つ重要なエピソードは、使徒パウロの逮捕時のものである。サンヘドリン（使徒言行録では最高法院と訳されている）がパウロを殺害しようとした時、ローマの千人隊長クラウディウス・リュシアスはパウロが死罪や投獄に値しないことを知り、使徒をカエサレアにいた総督フェリクスの元に護送した。フェリクスはパウロを2年間カエサレアで監禁したままにしておいたが、後任の総督フェストゥスが裁判を続行する。フェストゥスも、通りかかったヘロデ・アグリッパ2世も、パウロに罪を認めなかった。パウロはローマの皇帝に上訴し、ローマに赴くことになる（使徒言行録23:12－26:32参照）。

カエサレアはビザンツ期にも栄えていたが、ビザンツ末期には衰退が始まっていた。640年のアラブ支配以前に港は機能しなくなっていたようだ。後背地には沃原が広がっていたにもかかわらず、人口も減る一方だった。

十字軍時代には港の一部が復興されたが、十字軍はアッコンおよびジャッファを主力の港としていたため、二次的な役割を担っていたにすぎない。1187年にサラディンの手に落ち、市壁などの防御施設が破壊された。1228年に再び要塞化が始まり、1251－52年にフランス王ルイ7世が完成させるものの、1265年にはマムルーク朝スルタンのバイバルスに降伏せざるを得なかった。その後、1878年にオスマン朝がボスニアからの難民を入植させるまで、カエサレアはほぼ無人の野となっていた。

カエサレア国立公園 *Caesarea National Park*

遺跡の入り口付近に収容数4,000人のローマ劇場がある。ヘロデ大王が建設したものだが、3世紀に改装されている。舞台の二つの穴は役者が登場したり、「デウス・エクス・マキナ（機械仕掛けの神）」を吊るしたりする機械のための穴だという。このデウス・エクス・マキナとは、最後に舞台から機械で吊るされた「神」役の役者が登場し、強引に問題を解決して大団円を迎えさせる仕掛けのことである。

この劇場の座席から面白いものが見つかった。エルサレムのイスラエル

ローマ劇場

博物館で紹介したピラトの碑文である。現在、レプリカが後述のヘロデ宮殿跡に置かれている。この碑文により、ユダヤ属州の長が、実際は総督（グベルナトル）ではなく、長官（プラエフェクトゥス）という軍事職であったことが分かった。これまで慣例に従ってピラトを「ユダヤ総督」としてきたが、厳密に言えば「ユダヤ長官」となる。碑文は改装時に劇場の座席に再利用されたものらしい。

ピラトの碑文のレプリカ。オリジナルはエルサレムのイスラエル博物館所蔵

ピラトに関して付け加えると、後に失政（36年のサマリア人弾圧）により罪に問われ、ガリア（現フランス）に流刑にあってそこで死んでいる。「記憶の断罪」が行われたため、彼の碑文は珍しい。「記憶の断罪」とは、ある人物の記憶の痕跡を消すことで、その人物の名が残る文書は燃やされ、彫刻は壊されるか首がすげ替えられ、碑文や浮き彫りなどは削り取られるのが普通であった。

劇場の先に見える市壁は、6世紀のビザンツ時代のものである。周辺には円柱が大量に置かれている。大きな大理石石棺が置かれているが、これはキリスト教徒の助祭プロコピオスのものだという。聖プロコピオスはエルサレム出身で、303年頃カエサレア・マリティマで殉教した人だが、パレスティナ地方では、この助祭プロコピオスのように、この殉教者から名前をもらった人物がかなりいたようだ。

ヘロデの宮殿は、一部は海中に没している。モザイク床や多色大理石の床もある。先ほど述べたピラトの碑文のレプリカも見逃さないでほしい。また、「裁判の間」はパウロが判決を下された場所ではないかと言われている。

ヘロデ宮殿の一部は海中に沈んでいる。

海沿いに北に向かうと、ヘロデが建設した競技場がある。競技場は後に円形闘技場に改造された。ビザンツ時代の庭園が競技場の一部を塞いでいる。競技場の東側には倉庫群の遺構もある。

海沿いの競技場

競技場の北端側に大きな浴場がある。ビザンツ期の公共浴場で、モザイクや多色大理石床が美しい。床モザイクが二層になっているところもあるが、これはモザイク床が後から修復されたことを意味する。

浴場の奥にはアーチが特徴的な建物がある。これもビザンツ時代で、カルド・マクシムスの西側に建てられていた。

周辺には家やタヴェルナ（簡易食堂）などがある。ビザンツ期のキリスト教徒の家には、「キリスト者の平和があるように」との碑文がある。平和は魂の救済をも意味する。

かつて税を集めていた建物もあるが、一部は後に公衆トイレに改造された。「権力を恐れずに愛し善を行え」、「権力を恐れるな、そこから賞賛を得ることになるだろうから」とギリシア語の碑文モザイクもある。

さらに奥にあるのは十字軍時代（現存する部分はルイ９世時代）の市壁である。十字軍時代のカエサレアはヘロデ時代、そしてさらに大きなビザンツ期に比べ、本当に小さい町だったことが分かる。

十字軍市壁の南西端に城塞がある。現在は修復されて、レストランになっている。城塞の海側にはヘロデ時代の港が広がっている。港はかなりの部分が水没しており、古代の防波堤も海の下である。

十字軍市壁の中には十字軍の家々がある。ルイ９世が建てた教会は、急きょ造られたものらしく、側壁がなかったという。この教会は1265年に破壊され、15年しか持たなかった。北側の八角形の教会は６世紀、ビザンツ時代に建てられた教会である。この教会は十字軍時代に聖ペトロ大聖堂となった。

十字軍教会

東側の十字軍時代の門周辺には、十字軍時代の道がある。その外側には、６世紀に建設されたビザンツ時代の道がある。

水道橋

十字軍市壁の北側に３–５世紀のシナゴーグ遺構がある。周辺にあるヘレニズム時代の家の遺構は前４–前２世紀のものである。

さらに北には水道橋が二本ある。海側が130年頃（高い方）、陸側（低い方）が４世紀か５世紀初頭に建設された水道橋である。二つの水道橋は北までずっと続いている。水源は

10キロ北のテモ・バレクであった。

水道橋の東側にあった円形闘技場は土の下に埋もれている。この円形闘技場で、皇帝マクシミヌスの命で多くのキリスト教徒が処刑されたとされている。

遺跡は毎日、朝から午後まで開いている。金曜日は早く閉まる。

ビザンツ時代の通り *Byzantine Street*

遺跡公園内のビザンツ時代の道とは別に、遺跡公園の北側の駐車場東側にビザンツ時代の通りが発掘されている。6世紀に市長官フラウィウス・ストラテギウスが建設した。飾られている彫像は2−3世紀のもので、通りそのものより古い。市内の異教神殿から移されたものである。

競技場 *Hippodrome*

カエサレアにはもう一カ所競技場がある。こちらは遺跡公園の外になる（北側駐車場から東に向かう道路沿い）。ヘロデの市壁の外側（東側）だが、ビザンツ市壁の内側にある。130年頃、ハドリアヌス帝時代に建設されたものである。中央にオベリスクがある。こちらの競技場はほとんど調査がなされていない。

カエサレア博物館 *Caesarea Museum*

カエサレア博物館は、遺跡公園の南側にあるスドット・ヤムのキブツ（Kibbutz Sdot Yam）内にある。カナン人の陶器、前15世紀のエジプトの骨箱、ローマ時代を中心とした彫像、ランプ（ヘロデ時代、ローマ時代、ビザンツ時代、初期アラブ時代）、貨幣などがある。貨幣はヘロデ、ピラト、皇帝などのほか、「占領されたユダヤ」や、第一次ユダヤ戦争時代（70年のエルサレム陥落まで）の反乱側が打刻した貨幣もある。モザイクや海中から見つかったアンフォラ（細長い穀物や液体などの陶製の容器）なども展示されている。博物館は通常午前中のみ開いている。

 アフェク（アンティパトリス） *Aphek (Antipatris)*

さて、歩兵たちは、命令どおりにパウロを引き取って、夜のうちにアンティパトリスまで連れて行き、翌日、騎兵たちに護送を任せて兵営へ戻った（使徒言行録23:31－32）。

アフェクは水が豊かである。

アフェクという地名はイスラエルにいくつかあるが、アンティパトリスとも呼ばれるアフェクは、テル・アヴィヴの東側にある。高速道路の5号線と6号線のケセム・ジャンクション(Kesem Junction)の東側、ロシュ・ハアイン(Rosh Ha-Ayn)のすぐ南にある。

前3000年頃にはすでに市壁を備えた町があった。前19世紀から前15世紀まで、エジプト側の史料にも現れる。

その後カナン人の町となった。ヨシュア記12:18では、ヨシュアが征服した王のリストの間に「シャロンにあるアフェクの王」がいる。

前12世紀にはペリシテ人の町となった。その後史料上に現れるのは前7世紀のアッシリアやバビロニアの文書で、その当時重要な城塞がこの地にあったことが読み取れる。

ヘレニズム時代にはペガエ（「泉」）と改称され、ヘロデ大王時代にはヘロデの父にちなんでアンティパトリスと再び改称された。カエサレアの建設後は、この海辺の町とエルサレムを結ぶ街道沿いに位置する重要な拠点であった。使徒言行録23:31によれば、カエサレアに護送されるパウロがここで一夜を過ごしている。

第一次ユダヤ戦争ではこの周辺で戦闘が行われ、町は2世紀後半まで再建されなかった。その後363年の地震で町は大きく損傷した。

十字軍時代にはル・トロン・オ・フォンテーヌ・スルド（「静かな泉の塔」）として知られていた。少し離れた東側の丘には、ミラベル（ミグダル・アフェク）という十字軍城塞も建てられた。

ここは古くから水が湧き出ていた地である。サマリア地方に降った雨がここから地上に出てくるからである。ヘレニズム時代の名前も、十字軍時代の名前も、この泉に由来する。

要塞

オデオン

現在も豊かに水が流れている。

トルコ時代の要塞はマムルーク朝時代に建てられた。オスマン朝時代に再建に近いほど改造されている。この中から前1500－前1200年くらいのエジプト人またはカナン人の家が発掘されている。

城の反対側にヘロデ時代のローマ道がある。道の真上に城の塔が建設されたり、敷石が建物に使われたりして、道の状態が悪い場所もある。奥にはオデオン（音楽堂、小劇場）もある。

 マゾル　*Mazor*

マゾルはアフェクの南側にある。ここには4世紀初めの霊廟がある。

入り口にはコリント式円柱のポルティコ（屋根付き歩廊）がある。内部は二室に分かれている。石棺は基礎だけしか残っていない。碑文も失われ、誰のものかは分からない。左側の小室はコロンバリウム（語源は鳩小屋で、壁に一面穴が設けられた墓の形式）になっている。

霊廟

この場はモスクとして再利用されたため保存が良い。近くに三つ貯水槽もある。

3.　イスラエル南部　*Southern Part of Israel*

この章では、死海沿岸、ネゲヴ砂漠、テル・アヴィヴ以南の地中海沿岸にある諸都市を扱う。南部には砂漠が多く、北部に比べて都市は少ない。

　マサダ　*Masada*

マサダは死海南部の沿岸にある。死海沿岸といっても、イスラエル領内である。前3000年のカナン人の神殿や5世紀のモザイク床のシナゴーグ、死海の湖水浴場などのあるエン・ゲディ（En Gedi）の少し南である。一帯にはユダ砂漠が広がっている。

死海側から見たマサダ

マサダは前1世紀前半にハスモン朝の王アレクサンドロス・ヤンナイオスが最初に要塞化した。ヘロデ大王が前1世紀後半に再建した。

第一次ユダヤ戦争では、70年のエルサレム陥落後に反乱軍（ゼイロータイ、「熱心党」）が立てこもった。要塞は切り立った崖に囲まれる天然の要害に立ち、反乱側も水や食料を大量に蓄えており、さすがのローマ軍も攻めあぐねた。

フラウィウス・シルウァ率いるローマ軍は巨大な土塁を築いて攻城櫓と破城槌を城壁のそばまで引き上げる。ローマ軍がマサダ要塞の壁を破った時、要塞の中には恐ろしい静寂があった。エレアザル率いる反乱軍は、隠れていた数名の者を除いて、要塞が破られる前夜に自殺して果てていたからである。960人の遺体が折り重なっていた。ヨセフスによれば、それは

74年の過越の祭りの日であった。

この悲惨な出来事を記念し、イスラエル国防軍は毎年、新兵が入る時にマサダで誓う。「マサダは二度と陥落させない。Masada shall not fall again.（Sheynit Masada lo tipul -שנית מסדה לא תיפול）」と。

マサダは海抜59メートルほどだが、死海との標高差は470メートルほどある。マサダ要塞に入るルートは二つある。死海側からと、内陸側からである。

死海側にはヴィジターセンターがあり、エルサレムからのエゲド・バスもこちらに着く。蛇の道を徒歩で登る場合、ヴィジターセンターからの標高差は280メートルで（下のバス停からだともう少し標高差が開く）、ゆっくり登っても1時間ほどである。ロープウェーを利用することもできる。

もう一方のルートはローマ人が築いた土塁側からのアクセス（標高差100メートル強）である。ちなみに、マサダの東側（死海側）と西側（内陸側）を直接結ぶ道路はない。

死海方面へ。四角いものはローマ軍陣営跡

マサダ要塞の上に立つと、四角いローマ陣営跡がいくつも見える。全部で八つあり、マサダをあらゆる方向から囲んでいる。また、東側からは死海の眺めが美しい。

蛇の道の入り口から時計回りに回ってみよう。城壁周辺にはゼイロータイ（「熱心党」）の居住区がいくつかある。東側の貯水池や、5世紀にビザンツの隠者が暮らしていた洞窟がある。パン屋の跡や、ミクヴェー（儀式用浴槽）もある。

地下貯水槽

南側には巨大な地下貯水槽や貯水池がある。切り立つ崖の上に城塞がある。南門があるが、下にあるのは道とは言えないような険しいものである。少し離れて、壁に穴のあいた鳩小屋（コロンバリウム、この場合は墓ではない）もある。

西側のゼイロータイの居住区付近には、ベト・ミドラシュ（トーラー、すなわちモーセの律法を学んだところ）もある。さらに北に行くと、泳ぐためのプール跡もある。周辺に小さな館跡がいくつかある。

ローマ軍の築いた土塁

ヘロデの西側宮殿はかなり大きな建物である。床モザイクもいくつか残っている。宮殿に付属して倉庫もある。

西宮殿北側の城壁沿いには皮なめしの工房がある。西側の門も近い。

少し北にビザンツ教会跡もある。5世紀の教会で、床にはモザイクも残っている。要塞内の建物のほとんどがヘロデ時代と反乱時代だが、教会はほぼ唯一の例外である。

シナゴーグ跡

教会の西側付近に、ローマ軍の攻撃を受けた場所がある。蛇の道ほどの標高差はないが、それでもローマ軍が築いた土塁は高い。投石機で投げ入れられた石も残っている。

さらに北に向かうと、城壁沿いに監視塔と鳩小屋をかねた建物がある。そして、シナゴーグ跡。シナゴーグは円柱で三つの廊に分かれている。付近にはいくつか貯水槽もある。

司令官の家のフレスコ

司令官の家は壁にフレスコの一部が残る部屋がいくつかある。下の洞窟は石切り場跡である。司令官の家の東側には巨大な貯蔵庫がたくさんある。また、モザイク床やフレスコ壁の残る大きな浴場もある。

司令官の家付近にある北側の門は水の門とも呼ばれる。冬の雨季に貯水池に貯めていただけでなく、家畜の背に乗せて下の泉から運ばれてもいた。

巨大な倉庫群

要塞の最北部にヘロデの北側宮殿がある。テラスからの眺めは良い。テラスは上のテラス、中ほどのテラス、下のテラスと三つある。下のテラス付近に浴室もある。

マサダ国立公園は朝から夕方まで開いている。金曜とユダヤの祝日の前日は少し早く閉まる。砂漠の中に位置し、水分の消耗が激しいので、特に暑い時期は飲料水をたっぷり用意する方がよい。

ベール・シェヴァ　*Beer Sheva*

ベール・シェヴァ（ベエル・シェバ）はネゲヴ砂漠の中心都市である。砂漠と言っても、ネゲヴ北部は独自の灌漑技術で緑化されており、耕地が広がっている。ベール・シェヴァより南側には本来のネゲヴ砂漠が広がっている。

ベール・シェヴァはネゲヴの入り口にあるが、古くから数多くの井戸が掘られ、通商の要所として栄えてきた。現在は近代的な街並みになっていて、砂漠にあることを感じさせない。

鉄道路線の開業により、テル・アヴィヴ方面からは鉄道でも来られるようになった。ベール・シェヴァ以南の延伸も計画されている。

5キロほど離れたテル・ベール・シェヴァには前12世紀の井戸、前1000年頃の都市、2世紀のローマ要塞などがある。

アブラハムの井戸　*Abraham's Well*

アブラハムは更に、羊の群れの中から七匹（シェバ）の雌（めす）の小羊を別にしたので、アビメレクがアブラハムに尋ねた。「この七匹の雌の小羊を別にしたのは、何のためですか」。アブラハムは答えた。「わたしの手からこの七匹の雌の小羊を受け取って、わたしがこの井戸（ベエル）を掘ったことの証拠としてください」。それで、この場所をベエル・シェバと呼ぶようになった。二人がそこで誓いを交わしたからである（創世記 21:28－31）。

アブラハムの井戸はベール・シェヴァの市街地、ベレク・ヘヴロン（Derech Hevron）通りとケレン・カイェメト・レ・イスラエル（Keren Kayemet Le-Israel）のぶつかる辺りにある。市街地南部を流れるナハル・ベール・シェヴァ（Nahal Beer Sheva）川の橋のたもとである。

この井戸は少なくとも前 12 世紀にまでさかのぼる。父祖アブラハムが掘った井戸だと信じられている。

1993 年、アメリカの仲介でパレスティナ和平のためにオスロ合意が結ばれた。イスラエルのイツハク・ラビン首相とパレスティナ解放機構（PLO）のアラファト議長が、アメリカのビル・クリントン大統領の仲介で和平のために合意した。二人の握手が行われたのが、ベール・シェヴァのこの井戸である。

アブラハムの井戸

パレスティナ問題は、1948 年のイスラエル建国のためにもともと住んでいたアラブ人（パレスティナ人、古代のパレスティナと意味が違うことに注意）が土地を追われたことに端を発する。第三次中東戦争（1967年）では、イスラエルはヨルダン川西岸地区とガザ地区を占領する（シナイ半島も占領するが、1978年、エジプトに返還されている）。ヨルダン川西岸地区とガザ地区にはユダヤ人の入植地ができた。この両地域が問題となっている。

オスロ合意により、パレスティナはイスラエルを国家と承認し、イスラエルもパレスティナの自治政府を認めることになった。占領地のユダヤ人入植地も撤退することになっていた。ガザ地区は2005年に撤退したが、ヨルダン川西岸地区では進んでいない。

2000－01年頃にかけての第二次インティファーダの結果、イスラエルはヨルダン川西岸地区との間に分離壁を建設し始めた。この分離壁は一方でテロ行為を劇的に減らす効果があったが、ユダヤ人入植地を囲む形で、1948年の合意ラインより西岸地区に入り込むようなラインで建設されているという問題がある。

パレスティナ側はラマラを暫定首都としているが、将来的に東エルサレム（エルサレム旧市街を含む）を首都としたいと考えている。一方で、イスラエル側は嘆きの壁など多くの聖所を失うことになるため、これには反対している（エルサレムはイスラエルの事実上の首都であるが、国際的にはテル・アヴィヴが首都とされているのは、東エルサレムが占領地であるという事情のためである）。

イスラエルは経済的に豊かだが、パレスティナは貧しく、経済的にイスラエルに大きく依存している。主要な産業もなく、経済的に自立していけるかという問題もある。

和平プロセスは止まっている。特にガザ地区を急進派のハマスが制圧して以来、イスラエルとパレスティナ暫定自治政府の関係は悪化している。このままでは、和平のシンボルとして選ばれたベール・シェヴァの井戸もむなしい。いつの日にか、両者が本当の意味で平和的に共存できる日が来ることを願ってやまない。

アシュケロン *Ashkelon*

ヨシュアが多くの日を重ねて老人となったとき、主は彼にこう言われた。「あなたは年を重ねて、老人となったが、占領すべき土地はまだたくさん残っている。残っている土地は次のとおりである。ペリシテ人の全地域とゲシュル人の全域、エジプトの東境（ひがしざかい）のシホルから、北はカナン人のものと見なされているエクロンの境まで。ここには五人のペリシテ人の領主の治めるガザ、アシュドド、アシュケロン、ガト、エクロンの人々がおり、アビム人の領土がその南にある……」（ヨシュア 13:1－4）。

アシュケロンはイスラエル南部の地中海沿岸にある町である。テル・アヴィヴからは南、ベール・シェヴァの西側に位置する。

町は前 2000－前 1550 年頃カナン人によって建てられた。地理的にも近く、エジプトの史料にはよく登場する。その後ペリシテ人の有力都市の一つとなった。

カナン人の市門

前 8 世紀にアシュケロンは独立を失い、アッシリアによって支配された。前 604 年には新バビロニア王国のネブカドネザル王によって破壊された。その後ペルシア人によって征服された。ペルシア支配下ではテュロス（現レバノンのフェニキア都市）に属し、フェニキアの植民を受けた。

前 332 年にアレクサンドロス大王が占領し、その王国に組み入れられた。ヘレニズム時代（前 332－前 337 年）には独立都市（前 2 世紀以降はローマの保護下で）として栄えた。

その後、前 37 年よりローマ領となる。638 年までビザンツ領だったが、その後ムスリム領となる。十字軍時代に一時期、十字軍が保有したこともある。

入ってすぐ右側に十字軍時代の市壁がある。前1900－前1750年頃のカナン人の市門は日干しれんがでできている。この市門の外側には小さなカナン人の聖域もある。

中の駐車場付近には、円柱の並ぶローマ時代（3世紀初頭）のバシリカがある。奥にニーケー（ギリシアの勝利の女神、ローマ名はウィクトリア）やイシス（エジプトの女神）の彫像がある。

バシリカ

バシリカ付近にはオスマン朝時代の井戸や5世紀の緑の聖マリア教会（サンクタ・マリア・ウィリディス）もある。教会付近にも市壁が見える。もともとカナン人（青銅器時代中期）だが、10世紀のファーティマ朝時代に再建されている。

市壁

劇場と呼ばれる遺構は、十字軍より前の時代、ムスリムによっても、キリスト教徒によっても、アブラハムの井戸と考えられていたこともある。遺構は半分ほど復元されている。

海沿いの崖上には犬の墓地がある。前5世紀のもので、700を越える犬の骨が見つかった。犬は自然死したもので、人に飼われていた。もちろん食用ではない。墓地は50年以上使われていたようで、犬が一度に死んだわけでもない。

崖下に海沿いの市壁がある。これはファーティマ朝と十字軍時代に建設された。古代の円柱が壁に刺さっているのが印象的である。

海沿いの市壁

遺跡は朝から夕方まで開いている。駐車場は公園内にあるが、切符売り場は公園入り口にある。

4.　ヨルダン川西岸地区　***West Bank***

ヨルダン川西岸地区は、第三次中東戦争以後イスラエル領となった地域で、現在はパレスティナ暫定自治政府が統治する。イスラエルや日本を含む西側諸国はパレスティナ暫定自治政府を正式に国家として承認していない。

住民の多くはムスリムのアラブ人で、少数ながらアラブ系のキリスト教徒（東方教会、西方教会ともに）もいる。ユダヤ人の入植地も各地にある。

イスラエルからパレスティナ側に入る場合、チェックポイントを通過しなくてはいけない。基本的にイスラエルから西岸地区に入る時より、西岸地区からイスラエル側に入る時の方が、チェックが厳しい。現在のところイスラエルから西岸地区に向かう場合のヴィザは必要ないが、パレスティナが国際的に国家承認された場合には変わる可能性がある。

ベツレヘム　***Bethlehem***

従者の一人が答えた。「わたしが会ったベツレヘムの人エッサイの息子は竪琴を巧みに奏でるうえに、勇敢な戦士で、戦術の心得もあり、しかも、言葉に分別があって外見も良く、まさに主が共におられる人です」(サムエル上 16:18)。

ベツレヘムはエルサレムの東郊外にある。パレスティナ側から毎日エルサレムに働きに来る人も少なくない。現在は分離壁が建設され、ベツレヘムに向かう場合はチェックポイントを通過しなくてはいけない。

サムエル記上の 16 章にあるとおり、エッサイの子ダビデはベツレヘムの出身であった。ルツ記 4:17－22 にあるように、エフラタ族の出身であった。ダビデは竪琴の名手としてイスラエル王国初代の王サウルに仕えた。サムエル記上の17章によれば、少年ダビデはペリシテ人の巨人ゴリアトを倒す。サウル王の死後、ダビデはイスラエル王国第二代の王となった。

歴代誌下11:6によれば、ダビデの孫でソロモンの子のレハブアム王（初代ユダ王国王）はベツレヘムを要塞化した。その後のベツレヘムは小さな村落になっていたようだが、ミカ書5:1に見られるように、メシアがベツレヘムから生まれるのではないかという期待が起こってもいた。

マタイ2:22－23によれば、イエスの両親ヨセフとマリアはベツレヘムからナザレに移った。一方、ルカ2:1－5では、ローマ帝国の人口登録のため、ナザレからベツレヘムに行ったことになっている。ただし、シリア総督クィリニウスが行った人口調査は後6年のものであり、イエスの生誕（前7－前4年頃、西暦紀元と合わないのは、キリスト紀元の暦を策定した6世紀の小ディオニュシオスの計算違いによる）とは計算が合わない。

いずれにせよ、イエスはダビデの町で生まれた。ルカによれば、宿屋に泊まる場所がなかったので、マリアはイエスを布にくるんで飼い葉桶に寝かせた。羊飼いたちが生まれたばかりの幼子イエスを見つけ、礼拝した。伝統的に、その後にマタイ2章の東方三博士の礼拝が起きたことになっている。

ルカでは、イエスの生まれた場所について明確には語っていない。2世紀の使徒教父ユスティノス（この人はサマリア地方の出身である）や原ヤコブ福音書は、洞窟の中であったと述べている。

 御降誕教会 *Church of the Nativity*

彼らがベツレヘムにいるうちに、マリアは月が満ちて、初めての子を産み、布にくるんで飼い葉桶に寝かせた。宿屋には彼らの泊まる場所がなかったからである（ルカ2:6－7）。

御降誕教会はベツレヘムの中心にある。飼い葉桶（Manger）通り、羊飼い（Shepherds）通りの交差する地点にある。

イエスの生誕の場所は、2世紀のユスティノスや3世紀のオリゲネス、そして4世紀のカエサレアのエウセビオスによって証言されている。最初の教会は339年5月31日に献堂された。

6世紀前半、ビザンツ皇帝ユスティニアヌスは教会を再建した。614年のペルシア侵攻では、破壊を免れた。教会正面のモザイクにマギ（東方三博士）の姿を見つけたからだという。マギはペルシアの祭司である。

1009年のハキムの破壊も免れた。639年のウマル以降、ムスリムたちが教会の右袖廊の使用を許可されていたため、ムスリムたちも破壊に反対したためである。

1099年には十字軍のものとなった。エルサレム王のボードゥアン1世もボードゥアン2世もこの教会で戴冠されている。1165－69年には、ギリシア教会と十字軍が共同で修復作業を行った（北袖廊にギリシア語碑文が残っている）。

エルサレム陥落後、アイユーブ朝時代には教会はそのまま保存されたが、マムルーク朝以降略奪を受けた。オスマン朝時代には大理石がはがされ、エルサレムの神殿の丘の建築に利用された。1834年には地震、1869年には火災の被害も受けている。

御降誕教会の入り口は歴史の生き証人である。初めて入る者は、入り口の小ささに驚くことだろう。本来の入り口はもっと大きかった。入り口をよく観察すると、大きな6世紀の入り口、より小さい十字軍時代のアーチ型の入り口、そしてマムルーク期かオスマン期の現在の入り口が識別できる。入り口がこんなにも小さくなったのは、掠奪者が馬に乗ったまま教会に入り込むのを防ぐためであった。

御降誕教会の入り口

前室は6世紀のユスティニアヌス帝時代のものである。4世紀教会に前室はなかった。前室から教会に入る三つの扉のうち、中央の扉の上部は1227年に二人のアルメニア人が寄進した扉の残った部分である。

内部は五つの廊を備えるかなり大きな教会である。身廊中央床下に4世紀教会の床モザイクもある。右第二側廊後方にある八角形の洗礼盤は4世紀のものである。

御降誕教会の内部

御降誕の洞窟

聖カタリナ教会の前庭

円柱の上部には十字軍時代の壁画がある。左側にはアイルランドの聖カタル、右側にデンマーク王聖カヌート4世（1086年没）やノルウェー王聖オラフ2世（1030年没）である。後二者はスカンディナヴィア半島をキリスト教化した聖王たちであり、聖カタルはシチリアのノルマン人（ヴァイキングの一派）の守護聖人であった。

身廊上部にモザイクの跡が残っている。これらは1165－69年に制作された。イエスの系図や、公会議や地方教会会議による決定事項などが描かれている。

内陣にも4世紀床モザイクがある。また、御降誕の洞窟入り口も内陣にある。洞窟内には御降誕の祭壇と飼い葉桶の祭壇がある。

御降誕教会の左側にあるのはフランシスコ会の聖カタリナ（St. Catherine）教会である。1881年に建設された。御降誕教会と内部でつながっている。

聖カタリナ教会の地下にも洞窟がある。もともと、御降誕の洞窟ともつながっていた。聖ヒエロニュムスの書斎、ヒエロニュムスの墓、ヒエロニュムスの創立した修道院を継いだクレモナのエウセビウスの墓、ヒエロニュムスの友人の婦人パウラとパウラの娘エウストキウムの墓、幼子殉教者の礼拝堂、聖ヨセフの礼拝堂がある。これらの同定には歴史的な確証があるわけではない。

聖カタリナ教会の内部

聖カタリナ教会前には回廊がある。中世の回廊を再建したものである。

御降誕教会と聖カタリナ教会は、毎日、早朝から夕方まで開いている。御降誕教会はギリシア正教会が管理する。聖カタリナ教会はフランシスコ会の聖地管理局が管理する。フランシスコ会、ギリシア正教会、アルメニア正教会の修道院が付属する。

 ミルク・グロット　*Milk Grotto*

ヘロデは占星術の学者たちにだまされたと知って、大いに怒った。そして、人を送り、学者たちに確かめておいた時期に基づいて、ベツレヘムとその周辺一帯にいた二歳以下の男の子を、一人残らず殺させた（マタイ 2:16）。

御降誕教会の右側にあるミルク・グロット（Milk Grotto）通りを行くと、ミルク・グロット教会がある。ヘロデ大王は自分に会いに来た東方の

ミルク・グロットの入り口

ミルク・グロットの内部

博士たちの話から、ユダヤ人の王が生まれたと知った。ヘロデは、自分の権力を脅かす者が生まれたと思い、ベツレヘム周辺の2歳以下の男の子を虐殺した（マタイ2:16参照）。幼子殉教者である。

ヨセフはマリアと幼いイエスを連れてエジプトに逃れた（マタイ2:13-15参照）。その際に聖家族はいったん洞窟に隠れた。その際、マリアの乳が一滴たれて、洞窟が真っ白になったという。

教会は毎日、朝から夕方まで開いている。ミルク・グロット教会はフランシスコ会、ギリシア正教会、アルメニア正教会が共同で管理する。上の礼拝堂はフランシスコ会のものである。

 羊飼いの野　*Shepherds' Fields*

天使たちが離れて天に去ったとき、羊飼いたちは、「さあ、ベツレヘムへ行こう。主が知らせてくださったその出来事を見ようではないか」と話し合った。そして急いで行って、マリアとヨセフ、また飼い葉桶に寝かせてある乳飲み子を探し当てた（ルカ2:15-16）。

羊飼いの野はベツレヘムの南東郊外にある。ベツレヘム中心部からは1.5キロほど離れている。羊飼いの野はラテン教会部分とギリシア教会部分の二つに分かれている。

イエスが生まれた時、ベツレヘムの町の外の野にいた羊飼いたちは天使たちが歌うのを見た。羊飼いたちはさっそくベツレヘムに向かい、幼子イエスを見て、神をあがめ、賛美して帰っていった。羊飼いの野は、この羊飼いたちが天使の一群を見た場所を記念している。

エゲリアは384年、ベツレヘム近くの谷で「羊飼いの」教会を見ている。670年の巡礼アルクルフは、その場所がベツレヘムから1マイルの所にあると書いている。

 ヒルベト・シヤル・エル・ガネム　*Khirbet Siyar el-Ghanem*

ラテン教会（カトリック教会）の羊飼いの野である。4世紀末にビザンツ修道院が建てられた。修道院は6世紀に再建された。

ラテン教会の羊飼いの野。天使と羊飼いたちの聖所記念堂

八角形の教会（天使と羊飼いたちの聖所記念堂）は1954年に建てられた現代の教会である。主の降誕や羊飼いの礼拝の壁画が描かれている。敷地内には洞窟の礼拝堂や、ビザンツ期の修道院跡などがある。下の方にもいくつか洞窟があり、紀元前のミクヴェー（ユダヤの儀式用浴室）もある。

ラテン教会の羊飼いの野はフランシスコ会の聖地管理局が管理してい

ラテン教会の「羊飼いの野」の洞窟の一つ

る。昼休みをはさんで、毎日午前と午後に開いている。

ケニサト・エル・ルワト *Kenisat er-Ruwat*

こちらはギリシア教会（ギリシア正教会）の羊飼いの野である。4 世紀後半に自然の洞窟内にモザイク床が設けられた。洞窟の中には 5 世紀、教会が建設された。エルサレム以外で 5 世紀教会がそのまま現代まで残っているのは珍しい。

洞窟教会の屋根には礼拝堂も建てられた。この礼拝堂は、巡礼の数に比して小さすぎたため、大きな教会に建て替えられる。この教会は 614 年にペルシア人によって破壊され、その後すぐ再建された。

ギリシア教会の羊飼いの野はギリシア正教会が管理している。昼休みをはさんで、毎日午前と午後に開いている。

ベタニア *Bethania (Bethany)*

ベニヤミンの一族が住んだのは、ゲバ、ミクマス、アヤ、ベテルとその周辺の村落、アナトト、ノブ、アナネヤ、ハツォル、ラマ、ギタイム、ハディド、ツェボイム、ネバラト、ロド、オノ、ハラシムの谷である（ネヘミヤ 11:31－35）。

ベタニアはエルサレム東郊外５キロほどの所にある。本来エルサレムから徒歩で１時間強ほどであったが、パレスティナ自治区内にあり、車で行く場合にはかなり遠回りしないと行けない。

ベトファゲの箇所でも書いたが、ベトファゲとベタニアの間にイスラエルとヨルダン川西岸地区とを分断する分離壁があり、徒歩専用のチェックポイントがある。この国境警備の兵士がチェックポイントを通してくれるとは限らない。遠回りになるが、ベタニアへはダマスクス門外側の東エルサレム・バスセンター（スルタン・スレイマン通り）からアラブ・バスで行く方が確実である。

ヘブライ語ではベト・アナニアで、ネヘミヤ記 11:32 のベニヤミンの一族の住んだアナネヤがこれに相当する。このアナネヤは現在のベタニアとは数百メートル離れている。

アラビア語ではエル・アザリイェというが、これには「ラザロの場所」という意味がある。現在の町はラザロの墓を中心に発展している。

聖ラザロ教会　*St. Lazarus*

主はお答えになった。「マルタ、マルタ、あなたは多くのことに思い悩み、心を乱している。しかし、必要なことはただ一つだけである。マリアは良い方を選んだ。それを取り上げてはならない」（ルカ 10:41－42）。

聖ラザロ教会は、ベタニアのラザロ、マルタ、マリアのきょうだいの家を記念している。ベタニアのこの家は、福音書に何度か登場する。

最も重要なエピソードは、ラザロの復活である。ヨハネ 11:1－45 に出てくる。ベタニアのラザロは病気だった。イエスがベタニアに着いた時、ラザロは葬られて４日目であった。イエスが天の父に祈ると、ラザロは眠っていたかのように復活する。

聖ラザロ教会の正面

ルカ10:38－42では、ある村と書かれているものの、マルタとマリアという名前からベタニアだと分かる。しっかり者の姉のマルタは家事をこなしていたのに、妹のマリアはイエスの言葉に聴きほれるばかりだった。マルタはイエスに不平を訴えるが、イエスはマルタに、妹は良いことを選んだのだからと慰めている。

過越の6日前に、イエスがベタニアに行った時、ヨハネの12:1－8によればマリアがイエスに高価な香油を注いだ。マタイ26:6－13およびマルコ14:3－9では、ハンセン病を患ったシモンの家である女が注いだとなっている。弟子たちの会計係だったイスカリオテのユダは、この香油で多くの貧しい人に施しができると不平を言った。イエスは自分の埋葬の準備をしてくれたのだと答えた。

聖ラザロ教会の内部

ヒエロニュムスによれば、390年にはすでに教会があった。この教会は地震で倒壊し、6世紀に二番目の教会が建てられた。

十字軍時代にはエルサレム女王メリサンドが妹イヴェタのために、1138－44年に女子ベネディクト会修道院を建てている。この修道院は、14世紀末にはすでに廃虚となっていた。新しい教会は1954年に建設されたものである。

4世紀教会はわずかしか残っていない。6世紀は今の教会よりずっと大きかった。今の教会の前庭となっている部分も教会堂内だった。前庭部分にも6世紀の壁と柱、床モザイクが残っている。壁は残っているので、長方形プランだったことが分かる。今モスクがあるところには6世紀教会の前庭があった。

現代の教会は6世紀教会の半分以下の大きさである。縦軸と横軸の長さの等しいギリシア十字プランで、後陣部分と左右の壁は6世紀教会のものを利用している。教会内の床にもモザイクの一部が残る。

十字軍時代の修道院遺構も残っている。中にオリーブ搾り機が置かれている。

教会はフランシスコ会の聖地管理局が管理している。昼休みをはさんで、毎日午前と午後に開いている。

ラザロの墓　*Tomb of Lazarus*

「ラザロ、出て来なさい」と大声で叫ばれた。すると、死んでいた人が、手と足を布で巻かれたまま出て来た。顔は覆いで包まれていた。イエスは人々に、「ほどいてやって、行かせなさい」と言われた（ヨハネ11:43－44）。

ラザロの墓

ベタニアの聖ラザロ教会、16世紀のモスク、そして銀のドームを持ったギリシア正教の修道院（12世紀の修道院の塔の遺構が見える）の近くに、ラザロの墓と呼ばれる地下墳墓がある。この墓はキリスト教徒のみならず、ムスリムにとっても聖なる場所である。

墓は1世紀のものである。墓は空だが、イエスによって復活した30年後にラザロは死に、この場所に再び埋葬されたと信じられている。

 エル・クベイベ *El-Qubeibeh*

一緒に食事の席に着いたとき、イエスはパンを取り、賛美の祈りを唱え、パンを裂いてお渡しになった。すると、二人の目が開け、イエスだと分かったが、その姿は見えなくなった（ルカ24:31－32）。

エル・クベイベはエルサレムの北西にある。アブー・ゴーシュの少し北にある。ただし、ヨルダン川西岸地区にある。エルサレムからは14キロほどである。

アラビア語でエル・クベイベは「小さなドーム」を意味する。ヘブライ語ではホルベト・ケファル・ラキシュと呼ばれる。

これまで、エマオの候補地としてアマウス（ニコポリス）とアブー・ゴーシュを紹介した。ビザンツのエマオ、十字軍のエマオに対し、エル・クベイベはフランシスコ会のエマオである（詳しくは拙稿『移動する聖所—エマウスの歴史的変遷』、前掲書、参照）。

エルサレム近辺のエマオはまだある。フラウィウス・ヨセフス『ユダヤ戦記』7:217に登場する、ローマ退役兵800人が入植した村である。こちらはエルサレムから30スタディオンで、ルカの描くエマオに比べて半分の距離しかない。このエマオはコロニア（Colonia）またはカロニエ（Qaloniyeh）とも言う。元の名前はモザで、定冠詞をつけたハ・モザがなまってエマオとなったらしい。このコロニアの遺跡は、エルサレムとテル・アヴィヴを結び高速道路建設時に埋められてしまい、もう見ることはできない。

19世紀半ばから20世紀半ば頃、エマオ論争が起こった。アマウス派、アブー・ゴーシュ派、エル・クベイベ派、コロニア派、少数派ながらその他の町（ベト・ネコファ、ベト・ウルマ、エル・ハンマン、ウルタス、エタム、フルベト・エル・ハマサ）を挙げる学者がいて、欧米の学者たちの間で激しい論争が行われた。

その他の町に挙げた六つは、ルカの記述と距離がほぼ合い、泉や温泉（エマオの語源は「ハンマト」すなわち「温泉」という理由から）のある場所を挙げただけで、根拠に乏しい。最初の四つは歴史的にエマオとされたことがあるが、決め手に欠ける。結局結論は出なかった。2世紀の歴史家ディオン・カッシオス『ローマ史』69:14によれば、第二次ユダヤ戦争後、ユダヤ地方の多くの村落が破壊されたので、この時、本当のエマオの名前が歴史から消えた可能性も否定できない。

現在でも、アマウス、アブー・ゴーシュ、エル・クベイベともエマオを記念している。いずれが正しかろうと、いずれも正しくなかろうと、人々がイエスの復活の日の午後の出来事を記念し、ずっと祈りをささげてきた場所であり、聖所であることには変わりないと思う。

エル・クベイベそばにジャッファとエルサレムを結ぶローマ道が走っていた。ところが、ローマ時代に集落があった痕跡はない。最初の村はアラブ人によって8－9世紀に建設された。

十字軍時代はおそらく小マホメリアという名で、1114－64年にかけて、聖墳墓教会の聖堂参事会の管轄下にあった。城と教会も建設された。当時はもちろんエマオとは考えられていなかった。

1485年、聖地管理者のフランシスコ会士フランシスコ・スリアノがクベベと呼ばれる場所を発見し、これをルカのエマオだと考えた。1280年のアッコンの巡礼の記述を見ると、すでにこの場所がエマオだと考えられていた可能性もある。十字軍のエルサレム（そしてアブー・ゴーシュ）撤退による記憶の断絶、またジャッファ－エルサレム間の街道筋の変更という事情もあって、新たな伝承が生まれたようだ。

スリアノの時代、エル・クベイベの教会はすでに廃虚だった。1517年および1534年には、エルサレムの市壁建設のためこの廃虚の石が運び出されてしまう。聖地管理者のフランシスコ会もエルサレムに留まるのが

教会の正面

やっとで、1686年から1852年までエルサレム以外の地への巡礼を止めた。

1867年、ポーリーヌ・ドゥ・ニコライというフランスの貴族の婦人が土地を買い取り、フランシスコ会へ寄贈した。教会は1902年に再建された。一時はコレジオ・セラフィコというフランシスコ会の大神学校も置かれた。立派な黙想の家もあるが、分離壁の反対側にあり、交通アクセスも悪いために訪れる巡礼も少なくなってしまった。

教会内の「クレオパの家」

1902年の教会は、後陣部分は十字軍教会の遺構を利用している。内部左手に「クレオパの家」とされる遺構があって、一部だけ基礎が顔を覗かせる。ただし、この家は教会が廃虚になってから建てられたもので、かなり時代が下る。

十字軍時代の村の遺構

敷地内には奥にはローマ道、十字軍時代の家がある。十字軍時代の城跡もある（12世紀、一部11世紀の部分もある）。塔などの遺構が近くにある。貯水槽跡もある。

ローマ道を除くと、城の11世紀部分を別として、周辺に残っているすべての遺構が十字軍時代以降である。ビザンツ時代の遺構すらない。

教会はフランシスコ会の聖地管理局が管理している。昼休みをはさんで、毎日午前と午後に開いている。

ヘロディオン　*Herodion (Herodium)*

下から見たヘロディオンの丘

ヘロディオンはベツレヘムの南側にある。エルサレムからは12キロほど離れている。

ヘロディオンはヘロデ大王が前24－前15年に建設した要塞と宮殿である。前4年に没したヘロデはヘロディオンを自分の墓に選んだ。ヘロデの墓は行方が分からなくなっていたが、2007年、エルサレムのヘブライ大学のエフード・ネツェル名誉教授が墓を発見した。ネツェル教授は2010年、ヘロディオンで発掘中に落下し、その傷が元で亡くなっている。

第一次ユダヤ戦争で、71年にルキリウス・バッスス率いるローマ軍によって陥落した。エルサレム陥落後初めてローマ軍が落とした町である。第二次ユダヤ戦争でも、反乱軍の重要な拠点として機能した。ビザンツ期の5－7世紀には修道院となり、教会が建てられた。

外側から登っていくこともできるが、丘の上へは貯水槽の穴から行くのが面白い。貯水槽のトンネルが丘の地下に迷路のように広がっていて、上のヘロデの宮殿の中庭まで行くことができる。この地下トンネルは第一次ユダヤ戦争時代に掘られた。

貯水槽のトンネル

上のヘロデ宮殿は円柱の並ぶ中庭、ローマ浴場、居住区、ミクヴェー（儀式用浴槽）などがある。居住区の食堂だった部分は第一次ユダヤ戦争期にシナゴーグに改造されたが、マサダ要塞のシナゴーグと同

シナゴーグ

2007 年当時のヘロデ大王の墓。現在では完全に発掘されている。

様、現存する最古のシナゴーグの遺構である。宮殿の四方に丸い塔もある。

ヘロデ大王の墓は丘の中腹から見つかった。ネツェル教授は 1972 年からヘロディオンの発掘を行っていたが、先に述べたように 2007 年、偶然墓を見つけた。墓は発掘が進んで地上部に姿を表しているが、ネツェル教授の事故後、墓の周囲の公開を停止している。

 ヘブロン *Hebron*

アブラハムは長寿を全うして息を引き取り、満ち足りて死に、先祖の列に加えられた。息子イサクとイシュマエルは、マクペラの洞穴(ほらあな)に彼を葬った。その洞穴はマムレの前の、ヘト人ツォハルの子エフロンの畑の中にあったが、その畑は、アブラハムがヘトの人々から買い取ったものである。そこに、アブラハムは妻サラと共に葬られた（創世記 25:8－10）。

ヘブロンはエルサレムやベツレヘムの南、ユダ砂漠にある重要な都市である。パレスティナ自治区内だが、ユダヤ右派の大きな入植地がある。

特に 1994 年のヘブロン虐殺事件以降、ユダヤ系住民とムスリム系住民の間で衝突が頻発したため、国連安保理の勧告を受けてノルウェーなど数カ国がヘブロン暫定国際プレゼンス（監視団）を派遣し監視にあたっている。しかし、第二次インティファーダ期の2002年には監視員が殺害される事件も起こっている。現在の情勢は比較的落ち着いているが、その時々の政治状況には注意したい。

ヘブロンは、ユダヤ教徒、キリスト教徒、ムスリムのすべてにとって聖なる地である。ヘブライ人の父祖アブラハムがここに葬られたからである。創世記23:1－20によれば、アブラハムは妻サラが亡くなった時、ヘブロンに土地を買って葬った。創世記25:8－10では、アブラハム自身も同じ墓に葬られたことが分かる。

ヘブロンの中心にある族長たちの墓には、アブラハムとサラだけでなく、イサクとリベカ、ヤコブとレアらの墓がある。なお、ヤコブのもう一人の妻でレアの姉のラケルの墓はエルサレムとベツレヘムの間の分離壁付近にある。

ヘロデ大王が建物を建てた。6世紀までにはポルティコ（屋根付き歩廊）が付け加えられた。当時はユダヤ教徒の部分とキリスト教徒の部分が障壁で二つに分けられていた。イスラーム期には一部がモスクとなった。

十字軍時代には、12世紀前半のエルサレム王ボードゥアン2世時代に再建された。13世紀半ば以降、ユダヤ教徒とキリスト教徒が地下の洞窟を訪れることが禁止された。15世紀末以降はムスリムも地下に入ることが禁止されるようになった。

現在の建物はユダヤ教部分とイスラーム部分の二つに分けられている。ムスリム部分の扉はマムルーク朝時代のもの

族長たちの墓

である。ジャウリイェ・モスクは1318－20年に建てられた。

918年にヘロデの建物に開けられた入り口から入ると、建物の中央部分に9世紀につくられたアブラハムの墓（奥）とサラの墓（手前）がある。14世紀に改装されている。

建物の南部分には1332年に建てられたイサクとリベカの墓がある。十字軍の共唱席を再利用した演壇やミフラーブ、1091年の木製説教壇などがある。

北側部分はユダヤ教徒の部分である。14世紀に改装されたヤコブとレアの墓、14世紀にヘロデの建物から張り出すように建設されたヨセフの墓などがある。

ムスリム部分は金曜日、ユダヤ教徒の部分は土曜日、一般には公開されない。その時の状況によっては、見学できないこともあるので注意が必要である。

マール・サバ *Mar Saba*

マール・サバはキドロンの谷沿いにある。エルサレムの南東、ちょうどエルサレムと死海の中間くらいである。

修道院の外観

聖サバは今のトルコ中部出身の隠修士で、パレスティナ地方に移り住んだ。パレスティナ地方の各地を放浪し、最終的にキドロンの谷に定住した。5年間孤独のうちに洞窟で暮らした後、483年に修道院を創設した。

483年に建てられた教会は小さいものだったが、490年により大きな洞窟教会を建てた。501年にはさらに大きな教会も建てられた。

614年のペルシア侵攻では数多くの殉教者を出した。8－9世紀には繁栄の時代を迎える。ダマスクスの聖ヨアンネスも716年にここに来た。

修道士の虐殺が起こることも時にはあったが、修道院は現代まで生き残った。1834年の地震の後、建物の大部分が再建された。

聖サバの墓

ベルを鳴らして中に入ると、中庭がある。中庭には聖サバの墓がある。1929年に再建されたものである。墓は現在は空で、聖人の遺体は教会内に葬られている。

テオトコス（神の母）教会は501年に建設された。前室があり、単身廊の教会が続く。教会内、イコノスタシス右側には聖サバの遺体が安置されている。遺体は1965年にヴェネツィアから返還された。

教会の正面

脇の前室の先にはテラスがあり、キドロンの谷を臨む。先にはいくつも礼拝堂があって、洞窟の一つはダマスクスの聖ヨアンネスが著作活動を行った場所とされている。ダマスクスの聖ヨアンネスの墓もあるが、十字軍時代に遺体が移され、どこに行ったか分からない。

中庭の反対側にある聖ニコラオス教会は483年の最初の教会らしい。洞窟内である。聖具室には亡くなった修道士たちの頭蓋骨が安置されている。頭蓋骨以外はその後ろの部屋に安置されている。

修道院の外のキドロンの谷沿いにいくつも隠修士たちの洞窟がある。聖サバの洞窟は対岸にある。

修道院はギリシア正教会の修道院である。毎日朝から夕方まで公開しているが、女性は中に入れないので注意。女性は外にある「女性の塔」と呼ばれる塔から眺めるしかない。

エリコ *Jericho*

エリコはエルサレムの東30キロあまりの死海にも近い場所にある。海抜800メートルほどのエルサレムから海抜マイナス258メートルのエリコまで一気に下りる。砂漠のオアシスに開けた町で、世界で最も低い場所にある町であるのみならず、世界最古の町の一つでもある。現在では、果実生産でも名高い。

最古の町は前8000年頃、今から1万年前のものである。前1200年頃、ヨシュアがエリコを手に入れ、イスラエル人のものとなる。エリコの丘には前586年のバビロン捕囚まで町があった。

前6世紀後半のペルシア支配時代にはペルシアの統治機関が置かれた。アレクサンドロス大王以降は、支配者の個人財産と見なされるようになり、都市としての発展は阻害された。

ヘロデ大王はエリコに冬の宮殿を建てた。競技場と劇場の建物も建てられた。第一次ユダヤ戦争期には、エルサレム攻略前のローマ軍がここに陣営を張った（68－69年）。ビザンツ時代には人口の多い都市であった。ウマイヤ朝時代の8世紀にはエリコに狩猟のための宮殿も建てられた。十字軍撤退以降、エリコはさびれた。

第一次中東戦争で多くのパレスティナ難民が生まれると、エリコに難民キャンプができた。難民キャンプはやがて町に生まれ変わった。エリコではイスラエル軍の撤退が完了し、パレスティナ暫定自治政府が統治している。

テル・エス・スルタン　*Tel es-Sultan*

角笛（つのぶえ）が鳴り渡ると、民は鬨（とき）の声をあげた。民が角笛の音（ね）を聞いて、一斉に鬨の声をあげると、城壁が崩れ落ち、民はそれぞれ、その場から町に突入し、この町を占領した（ヨシュア6:20）。

テル・エス・スルタンの市壁

テル・エス・スルタンの前8000年頃の石造りの塔

テル・エス・スルタンは古エリコである。1万年から3000年前くらいまでの遺構がある。一番古い部分は前8000年頃の石造りの市壁である。この市壁は雨季に鉄砲水となって落ちてくるワディの水から町を守るために造られたもののようだ。前2900－前2300年頃の市壁（青銅器時代初期）や要塞（前1800－前1580年頃）などもある。

前16世紀頃に破壊された市壁は、聖書に登場する時代のものかもしれない。ヨシュア記6:1－27によれば、ヨシュアがエリコを陥落させた時、イスラエルの民が鬨の声をあげた時に市壁が崩れ落ちた。この記述は、すでに廃虚となっていたエリコの町を見て、想像して書かれたものらしい。

遺跡はパレスティナ暫定自治政府が管理している。毎日朝から夕方まで公開している。

シナゴーグ *Synagogue*

シナゴーグ遺構の床モザイク

テル・エス・スルタン北東に、6世紀のシナゴーグの遺構がある。モザイク床にはメノラー（燭台）、ショファル（羊の角）、ルラヴ（ナツメヤシの枝）、そしてシャローム・アル・イスラエルとアラム語で書かれた碑文がある。

ヒシャム宮殿 *Hisham's Palace*

ヒルベト・アル・マフジャル（Khirbet al-Mafjar）とも言う。シナゴーグよりさらに北東にある。

ウマイヤ朝のカリフのヒシャムによって724年に建設が始められ、743年に完成した。カリフの冬の離宮であった。747年には地震で損壊した。

誘惑の山 *Mount of Temptation*

さて、イエスは悪魔から誘惑を受けるため、“霊”に導かれて荒れ野に行かれた。そして四十日間、昼も夜も断食（だんじき）した後、空腹を覚えられた。すると、誘惑する者が来て、イエスに言った。「神の子なら、これらの石がパンになるように命じたらどうだ」（マタイ 4:1－3）。

誘惑の山の門

誘惑の山はエリコの西側にある山である。テル・エス・スルタンそばからロープウェーで結ばれている。ロープウェーの運賃は結構高いので、歩いて登ってもそれほど遠くはない。

誘惑の山は、12世紀初め以降、イエスが40日間ユダの砂漠で断食をしていた際に悪魔の誘惑を受けた場所と考えられるようになった。マタイ4:1－16、マルコ1:12－13、ルカ4:1－13のシーンである。

悪魔は誘惑する。「神の子なら、これらの石がパンになるように命じたらどうだ」と。イエスは申命記8:3を引いて「人はパンだけで生きるものではない。神の口から出る一つ一つの言葉で生きる」と答えた。

次に悪魔はイエスをエルサレムの神殿の屋根の上に連れて行き、飛び降りろと誘惑する。イエスは、申命記6:16を引用して「あなたの神である主を試してはならない」と答えた。

さらに、悪魔はイエスを非常に高い山に連れて行き、世のすべての国々とその繁栄ぶりを見せて、「もし、ひれ伏してわたしを拝むなら、これをみんな与えよう」と誘惑する。イエスは申命記6:13の言葉「あなたの神である主を拝み、ただ主に仕えよ」で答え、三度悪魔の誘惑を斥けた。この後、イエスの公生活が本格的に始まる。

誘惑の山の教会

修道院の入り口の塔を抜け、中に洞窟がある。第一の洞窟の奥に教会と、第二の洞窟がある。中世からここに隠者が住んでいたが、15世紀初め以降、隠者の住んだ痕跡はない。ギリシア正教会が1874年に土地を買い取り、修道院は1895年に建設された。現在、わずか数人の修道士しかいない。

修道院はギリシア正教会の修道院である。月曜から金曜は昼休みをはさんで午前と午後、土曜と日曜は午前中のみ公開している。

 クムラン *Qumran*

クムランはエリコの南、死海沿岸にある。現在、クムランの遺跡から現在の死海まで若干距離があるが、2000年前の死海は遺跡のすぐそばまで迫っていた。現在はマサダやエイラト方面に道路が走っているが、当時は切り立った崖に阻まれ、南側に抜けるためには船を使わざるを得なかったようだ。

前8世紀、イスラエル人たちが城塞を築いたのが起源である。ヨシュア記15:61－62に登場する「塩の町」(新共同訳聖書では「イル・メラ」となっている）がクムランである可能性もある。さらに古く、創世記18－19章でソドムと一緒に滅ぼされるゴモラがクムランであると考える人もいる。

古代のユダヤ教の一派に、エッセネ派と呼ばれる人たちがいた。フラウィウス・ヨセフスとアレクサンドレイアのフィロンという二人のユダヤの著述家、ならびにローマの博物学者大プリニウスによって伝えられる。エッセネ派は砂漠に禁欲主義的な教団を築いた。エッセネ派はユダヤ教の範疇に留まったが、イエスの活動と相通ずるところもある。

大プリニウスによれば、エッセネ派は死海西岸に住んでいたという。多数説に従えば、クムランはエッセネ派の修道院跡だったとされる。

前150年頃、50人ほどのエッセネ派の人々がここに移り住んだらしい。前40－前37年には王となる前のヘロデの軍事行動で一度は離散するが、その数年後エッセネ派は戻ってくる。前31年に建物は地震で損壊した。

第一次ユダヤ戦争では、68年にローマ軍がクムランを占領する。エッセネ派は特に敵対したわけではなかったが、要塞のようなクムランを反乱軍が占拠するのをローマ軍は恐れたようだ。マサダ陥落までローマ軍がこの場所にいた。

1947年、羊飼いの少年が、洞窟の中に羊皮紙の巻物の入った壺を発見した。旧約聖書やエッセネ派に関わる文書の断片であった。その後、学者たちが周囲の洞窟を調査し、写本の隠された11の洞窟が見つかった。これらの一連の文書を、ムラッバートやマサダで見つかった写本なども合わせて死海写本と言う。

クムランの遺跡に関しては、少数派ながら興味深い説もある。遺跡はエッセネ派の修道院ではなくて縮絨（しゅくじゅう）ないしは染色工場であり、周囲で見つかった写本は70年のエルサレム陥落前後に、逃亡するユダヤ人が船に乗る前に、将来回収することを期して隠したものだという説である。遺跡内にはミクヴェー（儀式用浴槽）がたくさんあるが、この説によればこれらはミクヴェーではなく、工場の設備の浴槽であったことになる。

建物の入り口近くにある塔から眺めると遺跡の構造がよく分かる。律法学者の部屋、写本制作所、食堂、陶器工房、貯蔵庫、キッチンなどの部屋がある。水路が張り巡らされ、貯水槽やミクヴェーが多数ある。

ミクヴェー

奥の方に岩山に穴が開いている場所がある。これは洞窟4（4Aと4B）である。この洞窟からは4万もの羊皮紙写本断片が見つかったという。切り立った崖にあり、内部は立ち入り禁止だが、対岸から眺めることができる。

遺跡の外側には墓地が広がっている。墓は南北方向を向いており、両脇に大きな石が置かれている。墓は発掘されていて、陶器や貴石などが見つかっている。中には南北を向いていないものもあるが、それらはより新しいベドウィン（アラブ系の遊牧民）の墓である。

律法学者の部屋

洞窟 6

洞窟 11

洞窟 1

クムラン遺跡の裏側にはいくつも洞窟が残っている。うち、洞窟5と洞窟7−10（いずれも洞窟4付近にあった）は浸食によって無くなってしまったので、入ることができる洞窟は1−3と6と11である。

うち、洞窟6はいちばん近いのでアクセスしやすいだろう。左奥側にある。ワディ・クムランを通るので、雨季で上流に降雨があった場合、道は川となるので、立ち入り禁止となる。鉄砲水が降りてくる可能性があるし、川は滝となるので油断は禁物である。洞窟6は狭く、下に穴が開いている箇所もあるので注意したい。

右奥側には洞窟2や最初に見つかった洞窟1もある。この洞窟の奥には洞窟11や洞窟3もある。

 ムラッバート *Murabba'at*

ムラッバートはヨルダン川西岸地区の最南端のワディ・ムラッバート（ベツレヘムから死海まで続くワディ）にある洞窟である。ここからも死海写本の一部が見つかっている。ワディは雨季には川になり、通行できない。また洞窟へは、岩に打たれた鉄の棒を支えとして壇状の岩を登らないといけ

洞窟へ向かう途中の岩山

洞窟

ないので、注意したい。周囲にはビザンツ期の隠者の庵跡もある。

5. シナイ山 *Mount Sinai*

「わたしは主、あなたの神、あなたをエジプトの国、奴隷の家から導き出した神である。あなたには、わたしをおいてほかに神があってはならない」(出エジプト 20:2－3)。

シナイ山はエジプト・アラブ共和国のシナイ半島南部にある山である。ピンクの花崗岩の岩山や、花崗岩が風化した砂の砂漠が一帯に広がっている。朝露の下りる山影以外に木はなく、草も乾燥に強いものが少し生えているだけである。

神はシナイ山でモーセに、10の守るべき掟、すなわち十戒を授けた。十戒は、出エジプト記 20:1－17 にあるとおり、「わたしをおいてほかに神があってはならない」「主の名をみだりに唱えてはならない」「安息日を心に留め、これを聖別せよ」「父母を敬え」「殺してはならない」「姦淫(かんいん)してはならない」「盗んではならない」「隣人に関して偽証してはならない」「隣人の妻を欲してはならない」「隣人のものを一切欲してはならない」というものである(これは聖アウグスティヌスによる区分であり、カトリック教会とルター派が採用しているものだが、ギリシア正教会やルター派を除くプロテスタント諸教会では少し違う)。

海抜 2,285 メートルのモーセの山(ガバル・ムッサ)は、神が姿を現したシナイ山と古くから考えられてきた。山はユダヤ教徒にとっても、キリスト教徒にとっても、ムスリムにとっても聖なる場所である。

シナイ山のふもと(と言っても海抜 1,600 メートルほど)には、3 世紀からキリスト教の隠者が住みだした。330 年頃コンスタンティヌス大帝の母ヘレナが小さな教会を建てた。かのエゲリアもここを訪れている。

530 年頃、ビザンツ皇帝ユスティニアヌスが主の変容教会を建設した。皇帝はシナイ山頂に建設するつもりでいたが、山頂は狭いため断念せざるを得なかった。それで、ヘレナの教会を囲むように教会と修道院が建てられた。

聖カタリナ修道院は、6世紀から一度も破壊されることなく現在に至っている。8−9世紀にビザンツ帝国内に吹き荒れた聖画像破壊運動（イコノクラスム）もこの地には届かなかった。修道院は水や食料を自給している。周囲のムスリムのベドウィンとは、食糧を提供する代わりに安全を守ってもらうという共生関係にあった。幸運にも破壊を免れているのは、堅固な要塞のような建築だけでなく、こうした要因もあってのことだろう。

修道院から3キロほど離れて聖カタリナ村がある。また、修道院の周囲にはベドウィンのキャンプもいくつかある。修道院のゲストハウスや村にある宿のほか、ベドウィンのキャンプでも宿泊できる。

修道院の入り口付近にはアーロンの丘と呼ばれる丘がある。小さな無人のモスクや礼拝堂もある。付近の岩肌には、まるで牛のような形をした岩があって、「偶像の雄牛」と呼ばれている（出エジプト32:19−24参照）。

「偶像の雄牛」

聖カタリナ修道院
St. Catherine's Monastery

ギリシア正教の聖カタリナ修道院はアレクサンドレイアの聖カタリナにささげられている。305年、ローマ皇帝マクシミヌス・ダイアの迫害で殉教したとされる乙女（おとめ）殉教者である。刃の付いた車輪で拷問を受けたとされ、聖人のアトリビュート（シンボル）ともなっている。

聖女の遺体はエジプト最高峰の聖カタリナ山（シナイ山の南にある山で海抜2,642メートル）に奇跡的に移されたという。9世紀になってこの遺骨は聖カタリナ山の山頂で発見された。聖母マリアにささげられていた修道院も

聖カタリナ修道院

聖カタリナにささげられるようになった。

修道院教会は主の変容にささげられている。主の変容については、ガリラヤ地方のタボル山の項目を参照してほしい。教会の正面は石造りで、二連窓の上に十字架、その両脇に棕櫚（しゅろ）の木が描かれている。木製の扉は11－12世紀のものである。

内部は三身廊で、長方形プランをしている。円柱の柱頭は独特な形をし

聖カタリナ修道院

ている。後陣には主の変容のモザイクが描かれる。モザイクはイタリアの修復家たちによって、近年修復された。

後陣モザイクの中央にはイエスがおり、右にモーセ、左にエリヤが描かれる。下には、右から使徒ヤコブ、ペトロ、ヨハネが描かれている。それらの下には預言者たちが描かれているが、両端はどちらもこの修道院の修道士のようである（モザイク作成時に生きていたことを示す四角い光輪が頭にある）。

聖カタリナ修道院の教会のモザイクは 2007 年当時修復中だった。

後陣モザイクのアーチ下の部分には使徒たちが描かれる。一方後陣アーチには、右にモーセが十戒を受けるシーン、左には燃える柴が描かれている。

修道院でいちばん古い部分は、330 年頃、ヘレナによって建設された燃える柴の礼拝堂である。モーセの前に初めて神が現れた時のことを記念している。

イスラエルの民とエジプト人の間で騒動が起こった際、モーセはエジプトから逃亡した。出エジプトよりもずっと前、まだモーセが若い頃のことである。神はホレブ山で燃える柴の間からモーセに姿を現した（出エジプト記 3:1－3）。その後、神はモーセにイスラエルの民をエジプトから出発させ、「乳と蜜の流れる土地」（出エジプト 3:17）、カナン人たちの土地へと連れていくよう告げる。

燃える柴の子孫

ホレブ山はシナイ山と同一視される。付近には、燃える柴の子孫とされる木がある。木は木いちごだと思われる。

付近にモスクがある。オスマン朝の軍隊がやってきた時に、修道院の一部はムスリムだと説得するために建てられたとのことである。建設にはベドウィンも手を貸したようだが、このモスクは一度も使われていない。ミフラーブが正しくメッカの方向を向いていないからである。

修道院には博物館もある。イコン（聖画）がすばらしい。6世紀の聖母子と聖テオドロス、聖デメトリオス、天使たち。6世紀の聖ペトロ。7世紀のパントクラトル・タイプのキリスト（全能のキリスト）。15世紀スペインの聖カタリナ。修道院が所有するイコンは全部で2,000にも及ぶという。

大理石製の聖カタリナの聖遺物箱もある。前述のように、聖カタリナの遺骨を所有していることによって、修道院は聖カタリナ修道院となった。

修道院は8,000もの古い写本や本を所有しているが、その一部が展示されている。4世紀のシナイ写本はわずか数枚のみ残っている。19世紀半ばにドイツ人考古学者のコンスタンティン・フォン・ティッシェンドルフが修道院から勝手に持ち出したと言われていたが、近年、ティッシェンドルフは修道院から正当に購入していたことを示す文書が見つかった。ロシア皇帝に売却された写本はロシア革命により再び売られ、現在、写本の大部分はロンドンの大英図書館にある。ライプツィヒ大学図書館にもあるほか、数葉がサンクトペテルブルクの国立図書館にある。

そのほかに、ムハンマドが修道院を尊重し攻撃しないようにと書いた文書のコピーもある。貴重な手書き写本のほかに、1489年にフィレンツェで出版されたホメロスの『イリアス』『オデュッセイア』など、インクナブラ（15世紀に出版された初期の印刷本）もある。

修道院は月曜から木曜と土曜の午前中に開いている。金曜と日曜、祝日は一般公開していない。

シナイ山 *Mount Sinai*

聖カタリナ修道院からシナイ山に上る道は二つある。一つはラクダの道という登山道である。19世紀に開かれた登山道で、長いが比較的緩やかである。途中までラクダに乗って行くこともできる。最後は700段ほどの階段となる。頂上まではおおむね2時間半から3時間くらいである。

もう一方は階段の道（「後悔の階段」）で、より短いが3,750段の階段を登ることになる。階段といっても、岩を削っただけのものなので、高さや幅は不均等で、滑りやすいところもある。途中、家令の聖マリア（Our Lady of Steward）（Oikonomessa）の礼拝堂そばを通る。最後の700段目はラクダの道を行った場合と同じである。頂上までは、およそ2時間くらいである。

ラクダで途中まで登山することもできる。

両者の道が合流する地点には、エリヤが身を潜めたとされる場所がある。バール神の預言者を殺した後（ハイファのエリヤの洞窟の項を参照）、預言者エリヤはアハブ王の報復を恐れ、ホレブ山にある洞窟まで逃げた（列王記上19:8－18）。神がエリヤの前に姿を現し、エリヤに戻ってハザエルをアラムの王にし、ニムシの子イエフをイスラエルの王とし、エリシャを預言者とするよう命じた。

エリヤにささげられた礼拝堂が建てられている。周辺には樹齢一千年の糸杉と、六本のより若い糸杉がある。

頂上には礼拝堂がある。礼拝堂は3世紀頃から存在していたらしい。6世紀のビザンツ皇帝ユスティニアヌスによって再建された。11世紀のファーティマ朝時代に破壊された。現在のものは1934年に再建された礼拝堂である。礼拝堂とは少し離れて、無人のモスクもある。

シナイ山頂の礼拝堂

南側には最高峰の聖カタリナ山がそびえる。西側にも、北側にも、山がある。東側のふもとにはベドウィンのキャンプが広がっているのが見える。

シナイ山登山は昼間行うのもいいが、朝日を

シナイ山頂から見る聖カタリナ山

見るために早朝登山する人も多い。夕日を見るために午後登山する人もいる。暗い登山道は危険なので、登りやすい靴やヘッドライトなど、きちんと装備していくとよい。

登山道の途中にベドウィンのコーヒー店などもある。もちろん、値段はかなり高めである。

最後に、エジプトでは水に注意。現地の人は問題ないが、観光客が水道水を飲むと、ほとんどの人がお腹をこわす。水だけではなくて、氷や水道水で洗った生野菜や果物にも注意しなければならない。

おわりに

2007年の1月末から3月までと、4月から5月まで聖地に滞在するチャンスがあった。ちょうどローマのグレゴリアナ大学の博士課程の授業が全部終わった時だった。この時は奨学金もあった。

ローマの聖書研究所のエルサレム支部（教皇庁立聖書研究所）に滞在し、エルサレムにいる時は、ほぼ毎日聖墳墓教会に通っていた。エルサレムを拠点として、イスラエル各地の教会や遺跡を訪れた。ガリラヤ地方ではタブガのベネディクト会小修道院に数日滞在し、徒歩（タブガからクルシ経由でエン・ゲヴまで）とシェルート（エン・ゲヴからティベリアスまで）とエゲド・バス（ティベリアスからタブガ近くの街道沿いのバス停まで）でガリラヤ湖を一周したこともあった。友人たちと陸路でシナイ半島まで旅をしたこともあった。

聖墳墓教会では、当時この教会にいらしたフランシスコ会のアンジェロ春山勝美師に非常にお世話になった。残念ながら、同じ年の11月30日に春山師は癌（がん）で亡くなってしまった。聖墳墓教会内で師にいろいろとお話をうかがったのが今でも思い出される。

教皇庁立聖書研究所には、ローマの聖書研究所やグレゴリアナ大学からの学生が数カ月ないし半年の間、聖書について学ぶためにやってくる。ヴァンクーヴァーのベネディクト師、ブラジルのウィルソン師、チリのホルヘ師、コロンビアのパブロ師らの友人と知り合ったのも幸運なことだった。今では勉学を終え、聖書学などの先生としてそれぞれの国で教えている彼らとの交流で、聖書研究についていろいろ知ることができた。

本書は2007年の聖地訪問の際の経験を元に書かれた。2011年2月にはわずかではあったが聖地を再訪し、特に重要な場所の記憶を新たにし、また前回訪れることのできなかったいくつかの場所を訪れることもできた。

執筆にあたっては、参考文献に紹介するエルサレムのエコール・ビブリックのジェローム・マーフィー・オコーナー師（アイルランド出身のドミニコ会司祭）の著書に多くを負っている。イタリア語など他の言語にも訳されている師の著書は、特に考古学的見地から聖地を紹介する案内書の中で最良のものだと思っている。時として大胆な説も紹介されていて、目から鱗（うろこ）が落ちるようなことも多々あった。

とは言っても、師が取り上げていない場所をあえて紹介した所も少なくない。また、近年の政治状況の変化（分離壁の建設など）については師の著書ではあまり反映されていないが、本書ではできる限り反映している。さらに近年の考古学的発見の成果もなるべく取り入れるようにした。

本書で紹介している教会や遺跡のほとんどが、聖地滞在中に実際に訪れた場所である（一般公開していないため内部には入れなかった所もある）。エルサレム以外では、実際に訪問した都市や遺跡のみ取り上げている。それでも、巡礼や旅行者が一般に訪れる場所のかなりの部分を紹介することができたと思う。

「はじめに」でも少し触れているが、聖地の歴史は奥深い。世界最古の都市と呼ばれるエリコから数えても１万年の歴史がある。旧約聖書の世界の登場人物、例えばダビデ王やソロモン王の痕跡がある。古代だけを見ても、ヘブライ人（イスラエル人、ユダヤ人）だけでなく、エジプト人、ペリシテ人、カナン人、フェニキア人、アッシリア人、バビロニア人、ペルシア人、ギリシア人、ローマ人など多くの民族が登場し、それぞれ痕跡を残している。

宗教の痕跡もさまざまである。ユダヤ教、キリスト教、イスラームのそれぞれ豊かな遺産があり、また古くはエジプトの神々、バール神やモレク神といったフェニキアその他の土着神、ギリシアやローマの神々の神殿などが数多く残っている。

ユダヤの文化が他の文化に影響を受けた痕跡も多くある。ヘレニズム時代にはギリシア文化の、そして特にヘロデ大王以降はローマの影響を強く受けている。ビザンツ期のいくつかのシナゴーグでは、黄道12宮や太陽神といった異教風の装飾さえ用いられた。

ビザンツ期や十字軍にはキリスト教の、正統カリフのウマルからセルジューク朝ならびにアイユーブ朝からオスマン朝以降まではイスラームの要素が入った。イスラエル建国以降は、ユダヤ人移住者たちがそれまで住んでいた地域の文化を持ち込んだ。それぞれの要素が時には共存し、時には緊張関係を持ち、今の聖地を形づくった。

本書はあえてキリスト教巡礼向けの聖所だけを紹介するものにしなかった。自分が歴史を専攻する者であり、聖地の歴史の宝をキリスト教という範疇にこだわらず伝えたかったからである。このスタンスはマーフィー・オコーナー師のものでもある。

一方、キリスト教の巡礼がその場所と聖書の関係をイメージしやすいようにも努めた。多くの箇所で、冒頭に聖書の一節を引用しているのもそのためである。引用していない部分でも、できる限り聖書の参照箇所は明示した。そして、その場所が長い期間にわたって人々によって記念されていたのならば、正真正銘聖書の場所でなくても構わない。大切なのは、聖書の情景を記念し祈ることだからである。想像の中ででも、イエスの姿をその場所に見ることができたらそれはすばらしい。なお、写真はすべて筆者が撮影したものである。

聖地を取り巻く政治状況は確かに難しい。分離壁の問題、パレスティナ暫定自治政府の国家承認問題や東エルサレムの帰属問題もある。エジプトやヨルダン、レバノン、シリアといった周辺国との関係はその時々の政治状況に左右される。それでも、一部の国境地帯を除いて紛争地域ではなく、エルサレムやテル・アヴィヴでは人々が平和に暮らしている。

宗教は対立を生むというテーゼはある意味真実で、この地方は宗教間の対立による苦しみを大きく受けてきたけれども、一方で長い共存の歴史もある。人々が寛容の気持ちを忘れなければ、そしてお互いを尊重すれば、共存は不可能ではないはずなのだ。

聖地では、キリスト教の巡礼はイエスの足跡を辿ることができるし、そうではない一般の観光客でも歴史の重みと豊かさを感じることができる。このすばらしい遺産を、ぜひ訪れて味わってほしいと思う。

参考文献

- ABUSBEIH Ziad, *The Jebusite City (City of David) and the Main Water Supply*, Editor Mike Barry, Jerusalem 2006.
- *Antichità Classica*, a cura di Eugenia Dossi, Garzantine, Milano 2000.
- AVIAM Mordechai, *Ancient Synagogues in the Land of Israel*, Eretz Hatzvi Magazine, Tel Aviv 2005.
- BAGATTI Bellarmino, *Recherche sur le site du Temple de Jérusalem*, adaptation française d'Albert Storme, Franciscan Printing Press, Jerusalem 1979.
- BAGATTI Bellarmino - TESTA Emmanuele, *Il Golgota e la Croce*, Franciscan Printing Press, Jerusalem 1984.
- BAHAT Dan - RUBINSTEIN Chaim, *The Illustrated Atlas of Jerusalem*, translated by Shlomo Ketko, Carta, Jerusalem 1990.
- BAR-AM Aviva, *Beyond the Walls: Churches of Jerusalem*, Ahva Press, Jerusalem 1998.
- BEN DOV Meir - RAPPEL Yoel, *Mosaics of the Holy Land*, Adama Books, New York 1987.
- *Bible Lands Museum. Guide to the Collection*, edited by Lindsey Taylor-Guthartz, R. Sirkis Publishers, Jerusalem [2]1994.
- *Chronicles of the Land. Archaeology in the Israel Museum Jerusalem*, edited by Michal Dayagi-Mendels and Silvia Rozenburg, The Israel Museum Jerusalem, Jerusalem 2010.
- CUSTODY OF THE HOLY LAND, *The Franciscan Presence in the Holy Land*, Franciscan Printing Press, Jerusalem 2006.
- EGERIA, *Pellegrinaggio in Terra Santa*, a cura di Nicoletta Natalucci, Edizioni Dehoniane Bologna, Bologna 1999.
- *Enchiridion locorum sanctorum. Documenta S. Evangelii loca respicienta*, collegit atque adnotavit Donatus Baldi, Franciscan Printing Press, Jerusalem 1955.
- FEINBERG VAMOSH Miriam, *Beit She'an. Capital of the Dacapolis*, Eretz Hatzvi Magazine, Tel Aviv 1996.
- FEINBERG VAMOSH Miriam, *Caesarea. Queen of the Coast*, Eretz Hatzvi Magazine, Tel Aviv 1996.
- FEINBERG VAMOSH Miriam, *Megiddo. Battlefield of Armageddon*, Eretz Hatzvi Magazine, Tel Aviv 1997.

- *Israel & Palestinian Territories*, edited by Risha Kim Lee, Let's Go Travel Guide, New York 2003.
- *Jerusalem Street Atlas*, Carta, Jerusalem 2005.
- LOFFREDA Stanislao, *Cafarnao*, Franciscan Printing Press, Jerusalem 1995.
- MURPHY-O'CONNOR Jerome, *The Holy Land*, Oxford Archaeological Guides, Oxford - New York [4]1998.
- *Medioevo*, a cura di Eugenia Dossi, Garzantine, Milano 2007.
- NARDI Roberto - ZIZOLA Chiara, *Monastère de Sainte Catherine, Sinaï. Conservation de la mosaique de la Transfiguration*, Centro di Conservazione Archeologica, Rome 2006.
- PALIOURAS Athanasios, *The Monastery of St. Catherine on Mount Sinai*, St. Catherine's Monastery at Sinai, Hiera Moni Sina 1985.
- PIERACCINI Paolo, *Cattolici di Terra Santa (1333-2000)*, Pagnini e Martinelli Editori, Firenze 2003.
- ROCK Albert, *The Status Quo in the Holy Places*, translated by Vincent Gottwald, Franciscan Printing Press, Jerusalem 1989.
- ROITMAN Adolfo, *The Bible in the Shrine of the Book. From the Dead Sea Scrolls to the Aleppo Codex*, The Israel Museum Jerusalem, Jerusalem 2006.
- ROMAN Yadin, *Jesus of Galilee. A Geographic Gospel*, Eretz Hatzvi Magazine, Tel Aviv 1998.
- ROMAN Yadin, *Masada. Kings' Stronghold, Zealots' Refuge*, Eretz Hatzvi Magazine, Tel Aviv 1997.
- *St. Mark's Church and Monastery in Jerusalem*, Alma'Aref Press, Jerusalem.
- DE SANDOLI Sabino, *Il Calvario e il S. Sepolcro (cenni storici)*, Franciscan Printing Press, Jerusalem 1974.
- DE SANDOLI Sabino (a cura di), *Il santuario di Emmaus e luoghi biblici circonvicini*, Tipografia dei PP. Francescani, Gerusalemme [3]2003.
- STORME Albert, *The Way of the Cross. A Historical Sketch*, Franciscan Printing Press, Jerusalem [2]1984.
- VALDES Giuliano, *The Land of Jesus*, translated by Rowena Hill, Bonechi & Steimatzky, Firenze 2007.
- *La Via Crucis a Gerusalemme*, Franciscan Printing Press, Jerusalem 1995.
- WEISS Ze'ev - NETZER Ehud, *Promise and Redemption. A Synagogue Mosaic from Sepphoris*, The Israel Museum Jerusalem, Jerusalem [2]1998.

・髙久充『移動する聖所―エマウスの歴史的変遷』（豊田浩志編著『神は細部に宿り給う―上智大学西洋古代史の二〇年』、南窓社、2008年、199－217ページ）。

ウェブサイト

イスラエル巡礼や観光に役立つウェブサイトをいくつか紹介する。多くのサイトが英語ページを持っている。

フランシスコ会聖地管理局　https://www.custodia.org/en
バイブル・ウォークス　https://www.biblewalks.com/
エゲド・バス　https://www.egged.co.il/HomePage.aspx
イスラエル鉄道　https://www.rail.co.il/en

著者略歴　髙久　充（たかく　みつる）

1978年　茨城県生まれ

2000年　筑波大学第一学群人文学類（ヨーロッパ史）卒業

2003年　上智大学文学研究科史学専攻博士前期課程（西洋史）修了

2006年　教皇庁立グレゴリアナ大学教会史学部修士課程修了

2012年　上智大学文学研究科史学専攻博士後期課程（西洋史）単位取得退学

2019年　教皇庁立グレゴリアナ大学教会史学部博士課程単位取得退学

現　在　翻訳者・東京YMCA国際ホテル専門学校非常勤講師（イタリア語）・東京大学史料編纂所学術支援専門職員（専門は15世紀教皇史、特に教皇ピウス2世）

著　書

『移動する聖所―エマウスの歴史的変遷』（豊田浩志編著『神は細部に宿り給う―上智大学西洋古代史の二〇年』、南窓社、2008年、共著）

訳　書

ピウス二世『覚え書第八巻』（池上俊一監修『原典イタリア・ルネサンス人文主義』、名古屋大学出版会、2010年、共訳）

聖地巡礼ガイド（せいちじゅんれい）

イエス・キリストの足跡をたどる

著　者――髙久　充

発行所――サンパウロ

〒160−0011　東京都新宿区若葉1−16−12

宣教推進部（版元）Tel.(03) 3359−0451　Fax. (03) 3351−9534

宣教企画編集部　Tel.(03) 3357−6498　Fax. (03) 3357−6408

印刷所――日本ハイコム㈱

2020年 4月17日　初版発行

ISBN978-4-8056-4836-0 C0026（日キ販）